JN044485

新・教職課程演習　第６巻

特別支援教育

筑波大学人間系准教授　米田　宏樹
広島大学大学院教授　川合　紀宗
編著

協同出版

刊行の趣旨

教育は未来を創造する子どもたちを育む重要な営みである。それゆえ，いつの時代においても高い資質･能力を備えた教師を養成することが要請される。本『新･教職課程演習』全22巻は，こうした要請に応えることを目的として，主として教職課程受講者のために編集された演習シリーズである。

本シリーズは，明治時代から我が国の教員養成の中核を担ってきた旧東京高等師範学校及び旧東京文理科大学の伝統を受け継ぐ筑波大学大学院人間総合科学研究科及び大学院教育研究科と，旧広島高等師範学校及び旧広島文理科大学の伝統を受け継ぐ広島大学大学院人間社会科学研究科（旧大学院教育学研究科）に所属する教員が連携して出版するものである。このような歴史と伝統を有し，教員養成に関する教育研究をリードする両大学の教員が連携協力して，我が国の教員養成の質向上を図るための教職課程の書籍を刊行するのは，歴史上初の試みである。

本シリーズは，基礎的科目９巻，教科教育法12巻，教育実習･教職実践演習１巻の全22巻で構成されている。各巻の執筆に当たっては，学部の教職課程受講者のレポート作成や学期末試験の参考になる内容，そして教職大学院や教育系大学院の受験準備に役立つ内容，及び大学で受講する授業と学校現場での指導とのギャップを架橋する内容を目指すこととした。そのため，両大学の監修者２名と副監修者４名が，各巻の編者として各大学から原則として１名ずつ依頼し，編者が各巻のテーマに最も適任の方に執筆を依頼した。そして，各巻で具体的な質問項目（Q）を設定し，それに対する解答（A）を与えるという演習形式で執筆していただいた。いずれの巻のどのQ&Aもわかりやすく読み応えのあるものとなっている。本演習書のスタイルは，旧『講座教職課程演習』（協同出版）を踏襲するものである。

本演習書の刊行は，顧問の野上智行先生（広島大学監事，元神戸大学長），アドバイザーの大髙泉先生（筑波大学名誉教授，常磐大学大学院人間科学研究科長）と高橋超先生（広島大学名誉教授，比治山学園理事），並びに副監修者の筑波大学人間系教授の浜田博文先生と井田仁康先生，広島大学名誉教授の深澤広明先生と広島大学大学院教授の棚橋健治先生のご理解とご支援による賜物である。また，協同出版株式会社の小貫輝雄社長には，この連携出版を強力に後押しし，辛抱強く見守っていただいた。厚くお礼申し上げたい。

2021年４月

監修者　筑波大学人間系教授　清水　美憲

広島大学大学院教授　小山　正孝

序文

本来，インクルーシブ教育は，社会·経済的格差，民族·文化等の差異がもたらす差別の軽減·解消をめざし，不利な立場にある人の自立と社会への完全参加を学校教育改革によって実現しようとするものである。子どもの最適な発達を妨げる多様な理由によって生じる「特別の教育的ニーズ」に対応する役割が特別支援教育に求められている。

2019年度より，教職課程コアカリキュラムが導入された。インクルーシブ教育時代の特別支援教育はすべての学校で全教職員が一丸となって取り組むべき営みであることから，このコアカリキュラムの「教育の基礎的理解に関する科目」において，「特別の支援を必要とする幼児，児童及び生徒に対する理解」に関する内容（必修1単位）が設定されている。

本書は『新·教職課程演習』の第6巻『特別支援教育』として，教職を志す学生はもちろんのこと，教育実践に従事している教職員にも，特別な教育的ニーズのある児童生徒の支援についての理解を深められる教材となることを願って，Q&A形式で，7章構成で解説することとした。また，本書は，教職科目の教材のみならず，特別支援教育を専攻する学生や教職員にとっても，インクルーシブ教育における特別支援教育の新たな役割を考えることのできる1冊となることを期待している。

本書の内容·構成は，第1章では，インクルーシブ教育時代の特別支援教育の営みを考えていくうえでの前提となる特別支援教育の歴史·理念·制度に関する事項を解説した。第2章から第5章は，それぞれ障害別に，障害のある幼児·児童·生徒の「発達·心理的特性·学習過程」（第2章），「学習上·生活上の困難」（第3章），「具体的支援の方法」（第4章），「教育課程の編成·個別の指導計画·個別の教育支援計画の作成」（第5章）について解説している。読者諸氏には，第2章から第5章のQ&Aを繰り返し確認し理解を深めることで，障害の特性と障害があることによって生じる困難を確認し，障害のある子どもたちが学習･生活しやすくなる支援のあり方を知り，子どもたちの自立と社会参加･自己実現を保障する学校教育をどのように体現していくのかを考えてほしい。

第6章･第7章は，まさに，本来のインクルーシブ教育のあるべき姿，すなわち，すべての子どもを包み込む学校教育を実現するために重要な事柄を解説している。第6章では，障害以外の「子どもの最適な発達を妨げる多様な理由」から生じる「特別の教育的ニーズ」のうち，主な対象として，「日本語を母語としない子どもやその家族」「生活困窮世帯」「被虐待児」「不登校児」を取り上げた。第7章は，本書の総括的な意味を込めて，「特別支援教育の今日的課題と今後の在り方」について解説した。

読者諸氏には，本書の88のQ&Aを通して，ぜひ，今後の特別支援教育のあるべき姿を一緒に考え，学校の教育実践に従事していただきたい。すべての子どもを包み込む学校のあり方を実現するためのポジティブな試行錯誤こそが，「インクルーシブ教育」という言葉で求められていることである。本書が，よりよい学校教育の実現に多少なりとも寄与できることを願っている。

本書は，筑波大学あるいは広島大学の卒業生･修了生を中心に編者と縁のある特別支援教育･インクルーシブ教育の研究者に執筆をお願いした。各執筆者には，専門家として，限られた紙面に，できるだけわかりやすく各事項のエッセンスを解説することを心がけていただいた。本書『特別支援教育』が『新･教育課程演習』シリーズの第6巻として，独立した1冊に位置づくに当たっては，監修者の企画会議において，学校教育における特別支援教育の重要性が確認されたことも大きい。

末筆ながら本シリーズの企画，本書の執筆･編集にかかわったすべての諸氏に深く感謝申し上げる。

2021年12月

編者　米田宏樹･川合紀宗

新・教職課程演習　第6巻
特別支援教育

目次

本書の用語について

障害にかかわる用語は，診断基準の改訂や研究･教育の成果等を受けて，各界で検討･議論がなされている状況にある。本書の各Qの見出しの設定は，第2章は，国際的な診断基準や教育的診断で用いられる用語に準じた。第3章以降では，文部科学省（2021）「障害のある子供の教育支援の手引～子供たち一人一人の教育的ニーズを踏まえた学びの充実に向けて～」を参考に，特別支援教育の文脈で用いられる用語に準じた。各Qの本文では，可能な限り各執筆者の記述を尊重した。

第1章

インクルーシブ教育時代の特別支援教育

Q１　特別支援教育ってなに？

１．「共生社会」実現の手段としての「特別支援教育」

2007（平成19）年４月１日，「学校教育法等の一部を改正する法律」の施行により，日本の障害児教育（特殊教育）は特別支援教育へと制度転換した。盲・聾・養護学校は，特別支援学校に統一され，従来の盲・聾・養護学校種別だった教員免許も特別支援学校教員免許に総合化された。さらに，小中学校等通常学校において特別支援教育を推進するための規定が明確に位置づけられた。特別支援教育では，従来の障害児教育の対象児に加え，学習障害（LD），注意欠陥多動性障害（ADHD），高機能自閉症等の障害のある児童生徒にまで，その対象が拡大された。特別支援教育は，障害等により生活上，学習上の困難を有する「特別な教育的支援を必要とする児童生徒」一人ひとりの教育的ニーズを把握し，その子どもの持てる力を高め，生活や学習上の困難を改善又は克服するために，適切な教育を通じて必要な支援を行うものであり，これらの幼児児童生徒の自立や社会参加に向けた主体的な取組を支援するものである。

ここで重要なことは，障害種別の指導と支援から個別のニーズにもとづく指導と支援へと，教育の提供のあり方に関するパラダイムの転換が行われたことである。特別支援教育では，幼児児童生徒一人ひとりの教育的ニーズに応じた適切な教育的支援を行うことが意図されている。

2007（平成19）年４月に出された「特別支援教育の推進について（通知）」（19文科初第125号）では，①特別支援教育が，特別な支援を必要とする幼児児童生徒が在籍する全ての学校において実施されるものであることと，②特別支援教育が，障害のある幼児児童生徒への教育にとどまらず，障害の有無やその他の個々の違いを認識しつつ様々な人々が生き生きと活躍できる共生社会の形成の基礎となるものであり，我が国の現在及び将来の社会にとって重要な意味を持っていることが，理念として確認された。2012（平成24）

年の「通常の学級に在籍する特別な教育的支援を必要とする児童生徒に関する全国実態調査」の結果から，「知的発達に遅れはないものの学習面や行動面で著しい困難を示す」と担任教師が考える児童生徒の割合が約6.5％とされており，教師は，特別な教育的支援を必要とする児童生徒はどの学級にも在籍している可能性があるという意識を持つ必要がある。このことから，①の「特別な支援を必要とする幼児児童生徒が在籍する全ての学校」は，日本全国のすべての学校であるともいえ，すべての学校で実施される特別支援教育は，②の「共生社会の形成の基礎」という意味では，学校改革の手段とも社会改革の手段ともなりうるものである。

２．特別支援教育制度の実際

（１）特別支援教育の目的と特別の指導領域「自立活動」

特別支援教育は，学校教育法第８章「特別支援教育」に示されている。特別支援学校の目的は，視覚障害者，聴覚障害者，知的障害者，肢体不自由者または病弱者（身体虚弱者を含む）に対して，幼稚園，小学校，中学校または高等学校に準ずる教育を施すとともに，障害による学習上又は生活上の困難を克服し自立を図るために必要な知識技能を授けること，とされている。つまり，特別支援教育は，対象児の障害による様々な教育的ニーズに対応しながら，その子の「自立」と「自己実現」を図るという教育の本質的目的の実現を図る営みであるといえる。

この目的の実現のために，特別支援教育における教育内容の組織化は，通常の学校の「各教科」「道徳科」「特別活動」等の指導領域に，個々の児童生徒が自立を目指し，障害による学習上又は生活上の困難を主体的に改善･克服するために必要な知識，技能，態度及び習慣を養い，もって心身の調和的発達の基盤を培う特別の指導領域である「自立活動」という独自の指導領域を加えた形で行われている。通常の学校における特別支援教育においても，特別の教育課程を編成する場合には，まず「自立活動」を取り入れることとされている。なお，知的障害教育においては，「通常の教科」以前の内容と以後の内容とを含む形で，独自の教科設定がなされている。また，特別支援教育では，幼児児童生徒の障害の状態等に応じて弾力的な教育課程が編成できるようになっていることが特徴である。

（2）連続性のある多様な学びの場

特別支援教育では，障害のある子どもと障害のない子どもが同じ場で共に学ぶことを追求するとともに，障害のある子どもにその時点で教育的ニーズに最も的確に応える指導を提供できる多様で柔軟な仕組みを整備することが重要である。小中学校等における通常の学級，通級指導教室（2018年度より高校段階の通級指導も開始），特別支援学級，特別支援学校，院内学級，家庭等への訪問教育が連続性のある多様な学びの場と捉えられている。

特別支援教育開始の2007（平成19）年度からは小・中学校において障害のある児童生徒に対し，食事，排泄，教室の移動補助等学校における日常生活動作の介助を行ったり，発達障害の児童生徒に対し学習活動上のサポートを行ったりする「特別支援教育支援員」の活用を進めるための国による地方財政措置が始められていた。さらに，国連「障害者の権利条約」をうけて，2013（平成25）年9月からは，学校教育法施行令の一部が改正され，障害のある児童生徒も障害のない児童生徒と同様に，居住する学区の小中学校等に就学することが原則となった。このように特別支援教育に占める通常の学校の役割は，非常に大きなものとなっている。

なお，学校教育法施行令22条3の障害の状態に該当する者（特別支援学校が学びの場として適しているとされる者）は，本人・保護者が特別支援学校への就学を望み，就学支援委員会において認められれば，特別支援学校に就学できるようになっている。これを認定特別支援学校就学者という。

（3）特別支援教育と特別支援学校教諭免許状

先にも述べた通り，従来の盲・聾・養護学校種別の教員免許状は，特別支援学校教諭免許状に総合化された。ここでは，視覚障害，聴覚障害，肢体不自由，病弱，知的障害の5障害教育領域が専門領域として設定されたほか，発達障害と重複障害に関する内容も必修となった。なお，特別支援学級や通級による指導を担当する通常の学校の教員にも，特別支援学校免許の取得が推奨されている。特別支援教育を担当する教師の専門性を担保する教員免許状は，現状では，特別支援学校教諭免許状ということになる。

（4）特別支援教育と「個別の教育支援計画」・「個別の指導計画」

各学校において，特別支援教育が効果的に行われるための重要なカギとして，「個別の教育支援計画の作成」と「個別の指導計画の作成」が挙げられる。特別支援教育では，この2つによって，障害のある子どもたちの「学校における切れ目のない指導と支援」と「地域社会における生涯にわたる一貫した支援と社会参加」の両方のPDCAサイクルの実現が目指されている。

「個別の教育支援計画」は，特別な支援を必要とする子どもの関係者・関係機関が連携し長期的な視点で就学前から学校卒業後まで一貫した支援を行うための全体計画であり，3年程度のスパンで作成され毎年修正されるものである。提供されるべき合理的配慮についても，これに記載される。

「個別の指導計画」は，特別な支援を必要とする子ども一人ひとりの教育的ニーズに対応して1年間に行う具体的できめ細やかな指導や支援を行うための計画であり，長期（年間）目標と短期（学期などの）目標，指導場面と具体的な手立て，結果と評価などが記載される。

2017（平成29）・2018（平成30）年の小・中・高・特別支援学校の学習指導要領の改訂（以下，今次の改訂とする）では，通級による指導，特別支援学級，特別支援学校などの特別な学びの場で特別支援教育を受ける子ども全員に，これらの計画の作成が義務付けられた。この義務化を踏まえて，今次の改訂では，通常の学校と特別支援学校の教育課程のつながりの明確化が図られ，小中学校等通常の学校の学習指導要領及び同解説にも，特別の教育課程の編成手順が具体的に示された。また，特別の教育課程を編成する際に，参照するべき特別支援学校学習指導要領とその解説では，自立活動の「個別の指導計画」の作成手順が障害等のニーズごとに例示されている。

3．第二次大戦後の特殊教育と特別支援教育の歴史

（1）義務教育制度への特殊教育の位置付け

現在の日本の学校教育制度のルーツは，1947（昭和22）年の学校教育法にある。この法律は，幼稚園から大学に至るまでの日本における学校の全体

系を定めたもので，6･3制義務教育制度を根幹として，第二次世界大戦後の学校体系を改めたものである。学校教育法第1章総則第1条において「学校とは，小学校，中学校，高等学校，大学，盲学校，聾学校，養護学校及び幼稚園とする。」ことが規定され，盲･聾･養護学校が学校教育体系に明確に位置付けられた。この法律によって特殊教育も「一般の学校教育」の一環であるとされた。「障害のある子どもも，障害のない子どもとまったく同じ目標のもとで教育を受けるべきものであり，ただ，その障害があるというために，教育上特別に方法的な配慮を必要とする教育を行うのが特殊教育である」という考え方が明確にされたのである（文部省，1978）。その対象を明確に障害のある子どもと規定したことから，戦後の特殊教育は，障害児教育と呼ばれてきた。ここで重要なことは，日本の学校教育制度は，その開始から障害児を除外していなかったということである。学校教育法によって，特別な方法による教育が必要な障害のある子どものための特別な学びの場が，特殊学校と通常学校内の特殊学級の2つの場として規定された。

このように，障害のある子どもの特殊教育に関する規定が整備される一方で，「病弱，発育不完全その他やむを得ない事由のため，就学困難と認められる者の保護者に対しては，市町村の教育委員会は，文部科学大臣の定めるところにより，同条第一項又は第二項の義務を猶予又は免除することができる。」と，就学猶予･免除の規定がなされている。就学猶予･免除規定と後述する養護学校教育の義務制実施の延期によって，重度障害のある子どもは，事実上，学校教育制度から除外される。

（2）養護学校教育の義務制延期と受け皿としての特殊学級

1947（昭和22）年4月1日より学校教育法が施行され，小中学校教育の義務制が実施された。一方，盲･聾･養護学校への就学義務と都道府県の設置義務に関する施行日は，学校教育法の附則で，政令（勅令）で別に定めることとされた。盲･聾･養護学校が，なお未整備であったことから，盲･聾･養護学校教育の義務制実施は，棚上げされたのである（文部省，1978）。

しかしながら，養護学校が，学校教育法の規定上でこそ存在はしても，現実にはその実態がなかったのに対し，盲学校と聾学校は，1923（大正12）

年の盲学校及聾唖学校令によって，道府県に設置義務が課され，学校が存在していた。このため，盲・聾教育関係者は，義務制の実施を強く要求した。その結果，小中学校より1年遅れの1948（昭和23）年4月より，盲学校・聾学校に就学させるべき児童について保護者に就学義務が課せられ，以後学年進行で対象を拡大し，1956年度には，盲・聾学校の小学部と中学部の9年間の義務制が完成した。戦後の経済的窮乏の中で，国は，新制中学校の整備に重点を置いた。その結果，学校の存在すらなかった養護学校は，都道府県への設置義務も保護者への就学義務も延期されたままとなる。このため，視覚障害，聴覚障害以外の障害のある子どもの受け皿は，小・中学校に任意設置される特殊学級が担うことになり，知的障害のある子どもの教育を中心とする特殊学級教育が展開されていった。

（3）養護学校義務制の実施と重度重複障害教育

1952（昭和27）年8月，文部省初等中等教育局に「特殊教育室」が設置され，障害のある子どもの教育事務に統一的に対応することになった。特殊教育行政を推進するには，まず，対象となる障害の範囲を明確にし，障害のある児童生徒の実態を把握し，施策の展開に必要な基礎資料を得る必要があった。そこで，1953（昭和28）年，「教育上特別な取扱を要する児童生徒の判別基準について」が文部事務次官通達として出され，同時に「特殊児童判別基準とその解説」も刊行された。この判別基準は，小学校・中学校の学齢児童，生徒で，「就学義務の免除または猶予を必要とするもの，盲学校，聾学校または養護学校に就学させるべきもの，特殊学級に入れて指導することの望ましいもの，普通学級で特に指導に留意すべきものなどが正しく判別され，その結果に基づいて，各人の能力に応じた教育が受けられるように，それぞれの段階・措置等を示すこと」を目的としていた。文部省は，この判別基準に基づく実態調査を実施し，特殊教育の対象とすべき障害のある子どもの出現率を明らかにした。この結果やその後の調査に基づく就学率の低さが，特殊教育拡大の根拠となった。

文部省は，1972（昭和47）年度から養護学校の拡充，特殊学級の増設，特殊教育諸学校幼稚部の拡充を主な内容とする「特殊教育拡充整備計画」を策定し，特に養護学校については，養護学校整備七カ年計画」を立て，1978（昭和53）年度までに養護学校対象のすべての学齢児童生徒を就学させるために，養護学校243校を新設する施策を進めた。そして，1973（昭和48）年11月，学校教育法中養護学校における就学義務および養護学校の設置義務に関する部分の施行期日を定める政令」が公布され，1979（昭和54）年4月1日から養護学校おける就学義務と養護学校教育の義務制が実施されることになった。また，訪問教育が，重度･重複障害や病気療養中のために通学困難な児童生徒のための教育形態として整備され，養護学校教育の義務制実施と同時に小･中学部の訪問教育制度がはじめられた。東京や大阪では養護学校への希望者全員就学を目指した準備もはじめられた。このような背景や準備状況のもと，養護学校教育の義務制実施は，盲･聾学校教育の義務制実施のように学年進行で進められることはなく，1979年度に完全実施された。

（4）通常の学校における特殊教育の展開

戦後の学校教育法においては，小･中学校に特殊学級を置くことができる旨の規定がなされ，いわゆる中軽度の障害のある子どもの教育は，その障害区分ごとに，発達の遅れやその特性から学籍を固定して小集団における発達段階に応じた特別な教育課程や指導法により，固定式の特殊学級で行うものとされた。しかし，中軽度の障害のある子どもの教育は，固定式の特殊学級への措置のみで解決されるものではなかった。

1969（昭和44）年3月に出された特殊教育総合研究調査協力者会議の「特殊教育の基本的な施策のあり方について（報告)」や，1978（昭和53）年，特殊教育に関する研究調査会の「軽度心身障害児に対する学校教育の在り方（報告)」では，弱視者，難聴者，言語障害者，肢体不自由者，病弱者･身体虚弱者，情緒障害者のうち，特別の指導が部分的かつ定期的に必要な程度の障害児については，「特定の時間に当該学校又は当該学校以外の学校における特殊学級（特殊教育諸学校を含む）への通級による指導が受けられるようにすることが望ましい」と，通級による指導が具体的支援方策として提示された。しかしながら，通級による指導の制度化は，1993（平成5）年1月28日に「学校教育法施行規則の一部を改正する省令」（文部省令第1号）が公布され，同年４月１日に施行されるまで，待たなければならなかった。

（5）発達障害に対する特別支援教育の開始

文部省は，1992（平成4）年6月，「学習障害及びこれに類似する学習上の困難を有する児童生徒の指導方法に関する調査研究協力者会議」を発足させ，1999（平成9）年7月に「学習障害児に対する指導について（報告）」ならびに「学習障害の判断･実態把握基準（試案）」をえた。2000（平成12）年には，「学習障害の判断･実態把握基準（試案）」を具現化するために，「学習障害の判断･実態把握体制に関する新規モデル事業」が全国15の指定地域の各学校で開始された。このモデル事業実践の中で，学習障害児だけでなく，注意欠陥多動性障害や高機能自閉症の児童生徒の存在が強く認識されることになり，2001（平成13）年10月に「特別支援教育の在り方に関する調査研究協力者会議」が設置された。「今後の特別支援教育の在り方について（最終報告）」（2003）の中で，注意欠陥多動性障害と高機能自閉症の定義と判断基準（試案），指導方法が提示された。2004（平成16）年1月には文部科学省より『小中学校におけるLD（学習障害），ADHD（注意欠陥／多動性障害），高機能自閉症の児童生徒への教育支援体制の整備のためのガイドライン（試案）』も出された。これをもって，学校が通常学級で困難を抱える児童生徒の障害を学習障害，注意欠陥多動性障害，高機能自閉症と判断するための基準と手続きが，整えられたことになる。

これらの状況を踏まえ，2006（平成18）年4月1日施行の「学校教育法施行規則の一部を改正する省令（平成18年文部科学省令第22号）」により，通級による指導の対象に，学習障害者と注意欠陥多動性障害者が加えらた。また，これまで情緒障害に含まれていた自閉症が，通級の対象として別に明記された。これは翌2007年の特別支援教育制度への転換に先立ち，通常学校における特別支援教育が，前倒しで実施されたものであった。

参考文献

安藤隆男･中村満紀男編著（2009）『特別支援教育を創造するための教育学』明石書店．

文部省（1978）『特殊教育百年史』東洋館出版社．

（米田宏樹）

Q２　インクルーシブ教育システムってなに？

１．インクルージョンの理念とその歴史的展開

「インクルーシブ教育システム」とは,「インクルージョン」の理念を制度的に実施するための教育システムを指す。その在り方は各国の歴史的背景と今日の社会的基盤によって異なるが，インクルージョンは欧米で形成されてきた概念であるため，欧米の文脈における公平性，社会的正義，民主的価値観，社会参加とアクセス，多様性尊重の価値観等が大きく反映されている。そして世界各国のインクルーシブ教育システムは，現在においてもその最終形が確立したものではなく，現在進行中のプロセスの中にあるといえる。

第二次世界大戦後，貧しい国々や新しい独立国（日本も含む）の救済に国際社会の関心が向けられ1948年に国連が採択した世界人権宣言は,「すべての人民とすべての国とが達成すべき共通の基準」を示し，その後の障害者問題に関連する宣言の基盤となった。国連は1950年の身体障害者と盲人のリハビリテーションに関する報告書の検討を皮切りに，1971年に「精神遅滞者の権利宣言」を採択し，1975年に「障害者権利宣言」を採択した。これら1970年代の宣言の特徴は,「可能であれば家族や里親と同居し地域社会生活に参加するべき」とし，障害者が他の者と同様の市民的権利を認め，社会参加･社会的統合を目指した点であった。さらに国連は1983年からの10年間を「国連･障害者の十年」とし，そのまとめとして1993年の国連総会で「障害者の機会均等化に関する標準規則」を採択した。この標準規則における教育への言及では，各国の政府は「統合された環境での初等･中等･高等教育機会均等を原則とする」べきだとされたのである。

1994年にスペイン，サラマンカにおいてユネスコが採択したサラマンカ声明は，上述の1993年の国連総会の標準規則を踏襲した内容であり，さらにインクルージョンの概念をより明確に示した。すなわち1990年のいわゆる「ジョムテイン会議（World Conference on Education for All)」で「万人へ

の教育（Education for All)」で主な対象になっていたエスニック・マイノリティ，言葉のマイノリティ，その他の理由で学校から利益を得られていない者に加えて，サラマンカ声明では障害者を「万人への教育」の対象として前面に押し出した。また特別なニーズのある子どもは通常の学校制度に含まれるべきであり，できれば近隣地域の学校，つまり，子どもが障害を持っていない場合に通うことになる学校に包含すべきだとし，ニーズをもっている全ての子どもをとりこぼさないインクルーシブ教育システムの構築を目指す方向性を強力に示したのであった。サラマンカ声明は世界各国に影響を与え，障害者権利条約採択に向けた大きな一歩となる。障害者権利条約に関する国連の会議は2001年から始まり，2006年に同条約は採択された。障害者権利条約は，第二次大戦後から70年間国連がインクルーシブな社会を目指し取り組んできた成果なのである。

２．インクルーシブ教育システムの動向と課題

インクルージョンという政策に基づき全ての者をとりこぼさない教育システムを実現するにあたり，欧米諸国では，場所の統合の議論からカリキュラムの統合（通常教育カリキュラムへのアクセス）の議論がなされてきた。例えばアメリカでは2002年のNo Child Left Behind法以降，通常教育カリキュラムへのアクセス，通常教育システムの中での連続性のある支援（予防・介入）と教育の場を提供に尽力してきた。ヨーロッパ連合（EU）諸国においても，予防，介入，補償の３つのタイプの支援構築が主流である。また，個別教育計画（Individualized Education Program；IEP)，教師以外の心理士等の専門家による介入はインクルーシブ教育システムを円滑に機能させるために欠かせない要素になっている。しかし，サラマンカ声明以後25年以上を経てもなおインクルージョン政策と実際の制度とのギャップが課題になっている。「教員養成と教員の質の問題」，「重度知的障害者のインクルーシブ教育の問題」，「障害のある女性の教育の問題」などがある。インクルーシブ教育システムの構築は，今後も世界各国の動向を注視していく必要がある。

（本間貴子）

Ｑ３　なぜインクルーシブ教育システムが大切なの？

１．なぜ，日本においてインクルーシブ教育が構築されたの？

日本は2007年9月に障害者権利条約に署名すると，2009年12月に「障がい者制度改革推進本部」（本部長は内閣総理大臣）を設置し，批准に向けて国内法の整備に取りかかっていく。文部科学省をはじめとする教育分野には，①インクルーシブ教育システムの構築，②手話や点字等による教育を含めた教員の専門性の向上に関する議論が求められ，文部科学省は2010年7月12日，中央教育審議会初等中等教育分科会に審議を要請し，同分科会は「特別支援教育の在り方に関する特別委員会」を設置した。この委員会は「特特委員会」とも呼ばれ，2010年12月24日に「特別支援教育の在り方に関する特別委員会論点整理」をまとめた。論点整理では今後の特別支援教育の方向性を示し，特別支援教育とインクルーシブ教育の両者はともに共生社会（人々の多様性を認める社会）を実現するに必要な要素であること，そして両者（特別支援教育とインクルーシブ教育）の目指す方向性が同じであることが確認された。すなわち，日本はインクルーシブ教育システムをゼロから構築するのではなく，特別支援教育の制度を拡充，進展させることによって，インクルーシブ教育システムを構築することを選択したのであった。言い換えれば，障害者権利条約の批准を目指すうえでも，そして共生社会を実現するためにも，日本はインクルーシブ教育システムを構築する必要があった。

そして2012年7月23日，中央教育審議会初等中等教育分科会は「共生社会の形成に向けたインクルーシブ教育システム構築のための特別支援教育の推進（報告）」をまとめる。同報告では，日本におけるインクルーシブ教育システムを構築するための施策として，主に①就学相談･就学先決定の在り方，②合理的配慮および基礎的環境整備，③多様な学びの場の整備，④教職員の専門性の向上をあげた。現在，この報告を受けて段階的に日本におけるインクルーシブ教育が構築されている。

2．日本におけるインクルーシブ教育システムはインクルーシブ教育なの？

各国のインクルーシブ教育システムと日本におけるインクルーシブ教育システムは同じシステムなのだろうか。障害者権利条約第24条第2項（a）には，「障害者が障害に基づいてgeneral education systemから排除されないこと」，と明記されており，特別支援学校等での教育がこのgeneral education system（一般的な教育制度）に含まれるか否かは，日本におけるインクルーシブ教育システムの構築においては重要な論点である。

文部科学省は外務省に照会した上で，general education system（教育制度一般）は各国の教育行政が提供する公教育であり，条約の交渉過程で特別支援学校等での教育も含まれるとの認識が共有されていた，との見解を示している。したがって，インクルーシブ教育システムは各国で異なるものであり，特別支援教育を拡充･進展させて構築しようとする日本におけるインクルーシブ教育もまたインクルーシブ教育システムの1つなのだ。

参考文献

中央教育審議会（2010）「特別支援教育の在り方に関する特別委員会論点整理」，文部科学省，2010年12月24日，https://www.mext.go.jp/b_menu/shingi/chukyo/chukyo3/044/attach/1300893.htm（2019年1月4日閲覧）.

中央教育審議会（2012）「共生社会の形成に向けたインクルーシブ教育システム構築のための特別支援教育の推進（報告）」，文部科学省，2012年7月23日，https://www.mext.go.jp/b_menu/shingi/chukyo/chukyo3/044/houkoku/1321667.htm（2019年1月4日閲覧）.

中央教育審議会（2012）「共生社会の形成に向けたインクルーシブ教育システム構築のための特別支援教育の推進（報告）参考資料３」，文部科学省，2012年7月23日，https://www.mext.go.jp/b_menu/shingi/chukyo/chukyo3/044/attach/1323316.htm（2019年1月4日閲覧）.

（高野聡子）

Ｑ４　障害者の権利に関する条約で学校教育はどう変わるの？

１．障害者の権利に関する条約とは？

障害者の権利に関する条約（以下，障害者権利条約）は，2006年12月の国際連合総会において採択され，2019年8月現在で，日本を含め179の国･地域が批准している。この条約は，障害者の人権と基本的自由の享有を確保し，障害者の固有の尊厳を尊重し促進することを目的として，障害者の権利を実現するための取り組み等について規定したものである。

このなかで教育については第24条で規定されており，同条約が求めるインクルーシブ教育システムの確保には，障害者が一般的な教育制度から排除されないこと，自分の生活する地域で教育が受けられること，そして個人に必要とされる「合理的配慮」が提供されることなどが必要であると示された。

２．条約の批准に向けて

日本では，この条約を批准するために，2009年12月に障害当事者や有識者等からなる「障がい者制度改革推進会議」が設置され，翌年には中央教育審議会初等中等分科会（以下，分科会）に「特別支援教育の在り方に関する特別委員会」が設置され，それぞれに検討が進められてきた。

そして，2011年8月に改正障害者基本法が公布･施行され，教育については，国と地方公共団体が，障害者が十分な教育を受けられるようにするため，可能な限り障害児が障害のない子どもと一緒に教育が受けられるよう配慮すること等の規定が設けられた。また2012年7月には，分科会報告として「共生社会の形成に向けたインクルーシブ教育システム構築のための特別支援教育の推進」が取りまとめられた。

さらに，2013年6月の「障害を理由とする差別の解消の推進に関する法律」の制定，就学手続きの見直しのための学校教育法施行令の改正といった国内法令の整備等が進められ，2014年1月に日本は障害者権利条約を批准した。

3．合理的配慮と学校教育

学校においては，これまでも障害のある児童生徒への配慮はなされてきているが，「合理的配慮」は障害者権利条約を受けて初めて採用された概念である。障害のある児童生徒の教育を小･中学校で行う場合の「合理的配慮」としては，①教員，支援員等の確保，②施設･設備の整備，③個別の教育支援計画や個別の指導計画に対応した柔軟な教育課程の編成や教材等の配慮，が考えられるが，これらは国や地方公共団体による基礎的環境整備をもとに個別に決定されるものであり，例えば，児童生徒一人ひとりの障害の状態および教育的ニーズ，学校の状況，地域の状況，体制面，財政面等を考慮して，各学校の設置者や学校に過度の負担を課さないものでなければならない。

「合理的配慮」の一例として，次のようなものが考えられる。

- 相手や状況に応じた適切なコミュニケーション手段（点字，身振り，簡単な手話等）の活用
- 一人ひとりの状態に応じた教材等（デジタル教材，ICT機器等）の活用
- 校内の移動しにくい場所の移動方法について考えること及び実際の移動の支援
- （肢体不自由）書く時間の延長，書いたり計算したりする量の軽減，体育等での運動内容の変更
- （学習障害）習熟のための時間を設定，軽重をつけた学習内容の配分

今後は，特別支援学校における障害のある児童生徒への教育実践を参考にしつつ，通常の小･中学校等でも積極的な取り組みの実施が求められる。

参考文献

中央教育審議会初等中等教育分科会（2012）「共生社会の形成に向けたインクルーシブ教育システム構築のための特別支援教育の推進（報告）」，文部科学省，2012年7月23日，https://www.mext.go.jp/b_menu/shingi/chukyo/chukyo0/gijiroku/__icsFiles/afieldfile/2012/07/24/1323733_8.pdf（2020年1月14日閲覧）．

（下司優里）

Ｑ５　特別支援学校ってなに？

１．特別支援学校の目的・対象・歴史

特別支援学校とは，障害の程度が比較的重い子どもを対象として専門性の高い教育を行う学校である。2019年5月1日現在，特別支援学校は計1146校あり，義務教育段階の児童生徒約960万人のうち，約7万5千人が学んでいる。

特別支援学校の目的は，学校教育法第72条において，「特別支援学校は，視覚障害者，聴覚障害者，知的障害者，肢体不自由者又は病弱者（身体虚弱者を含む。以下同じ。）に対して，幼稚園，小学校，中学校又は高等学校に準ずる教育を施すとともに，障害による学習上又は生活上の困難を克服し自立を図るために必要な知識技能を授けることを目的とする」と示されている。障害の状態に応じた弾力的な教育課程の編成が可能となっている。特別

表1-5-1　学校教育法施行令第22条の3

区分	障害の程度
視覚障害者	両眼の視力がおおむね〇・三未満のもの又は視力以外の視機能障害が高度のもののうち，拡大鏡等の使用によつても通常の文字，図形等の視覚による認識が不可能又は著しく困難な程度のもの
聴覚障害者	両耳の聴力レベルがおおむね六〇デシベル以上のもののうち，補聴器等の使用によつても通常の話声を解することが不可能又は著しく困難な程度のもの
知的障害者	一　知的発達の遅滞があり，他人との意思疎通が困難で日常生活を営むのに頻繁に援助を必要とする程度のもの 二　知的発達の遅滞の程度が前号に掲げる程度に達しないもののうち，社会生活への適応が著しく困難なもの
肢体不自由者	一　肢体不自由の状態が補装具の使用によつても歩行，筆記等日常生活における基本的な動作が不可能又は困難な程度のもの 二　肢体不自由の状態が前号に掲げる程度に達しないもののうち，常時の医学的観察指導を必要とする程度のもの
病弱者	一　慢性の呼吸器疾患，腎臓疾患及び神経疾患，悪性新生物その他の疾患の状態が継続して医療又は生活規制を必要とする程度のもの 二　身体虚弱の状態が継続して生活規制を必要とする程度のもの

支援学校の対象となる障害の程度は，学校教育法施行令第22条の3に示されている。特別支援学校の小・中学部に在籍する児童生徒のうち，重複障害学級に在籍する児童生徒の割合は，2019年度には33.4%であった。

特殊教育制度では，障害種ごとに盲・聾・養護学校が設置されてきた。盲・聾学校は1948年4月から，養護学校は1979年4月から義務制が実施された。1970年代で人口規模の大きい国では，英国とアメリカ合衆国と日本だけが，障害のある子どもすべてを教育する法制度をもっていた。2007年に日本は特殊教育制度から特別支援教育制度へと転換し，盲学校，聾学校，養護学校は，複数の障害種を対象とすることが可能となる特別支援学校となった。これにあわせて，従来の3学校種別の教諭免許状も特別支援学校教諭免許状へと一本化された。主として，特別支援学校の設置主体は都道府県，特別支援学級の設置主体は市町村にあり，日本の特別支援教育制度は，都道府県と市町村が分担して，障害のある子どもに対する教育責任を果たしている。

2．特別支援学校の仕組み

特別支援学校は幼稚部，小学部，中学部，高等部が設置できるが，複数の学部が設置されることが多い。高等部のみの学校も存在する。各学部の学級編制は，「公立義務教育諸学校の学級編制及び教職員定数の標準に関する法律」と「公立高等学校の適正配置及び教職員定数の標準等に関する法律」において，小・中学部は6人，高等部は8人，小・中・高等部とも重複障害学級は3人と規定されている。

学校教育法第74条では，特別支援学校は，通常の学校の要請に応じて，必要な助言又は援助を行うよう努めるものとすると規定されている。特別支援学校は，自校に在籍する子どもと，地域の通常の学校に在籍する子どもの双方への支援を行う必要がある。その具体的な内容として，中央教育審議会は，①小・中学校等の教員への支援機能，②特別支援教育等に関する相談・情報提供機能，③障害のある児童生徒への指導・支援機能，④福祉，医療，労働などの関係機関等との連絡・調整機能，⑤小・中学校等の教員に対する研修協力機能，⑥障害のある幼児児童生徒への施設設備等の提供機能を例示している。インクルーシブ教育システムの構築が進められる中，地域の小・中学校等に就学する障害のある児童生徒の数は増加すると考えられ，特別支援学校のセンター的機能の一層の充実が求められている。

3．特別支援学校教諭免許状の取得率

特別支援学校教員のうち，当該障害種の免許状を保有している教員の割合は，2020年度で84.9％であり，2006年度の61.1％から年々増加傾向にある。また新規採用者の免許状保有率は，2020年度で81.0％（2019年度で80.5％）であり，こちらも増加傾向にある。しかし，免許状を保有していない教員が２割程度は存在している。特別支援学校の教員は，特別支援学校の教諭免許状と特別支援学校の各部（幼稚部・小学部・中学部・高等部）に相当する学校種の教諭免許状（基礎免許状）が必要であるが，基礎免許状を有するものは，「当分の間」，特別支援学校の教諭免許状を所有しなくても，所有免許状の学校種に相当する各部の教員となることが可能となっている（現教育職員免許法附則第15項）。

4．特別支援学校への就学先決定の仕組み

2012年７月23日に中央教育審議会初等中等教育分科会より提出された『共生社会の形成に向けたインクルーシブ教育システム構築のための特別支援教育の推進（報告）』において，障害のある子どもの就学先決定の仕組みの検討が提言された。2013年８月には，学校教育法施行令の一部改正が行われた。この改正の趣旨は，学校教育法施行令第22条の３に該当する児童生徒は特別支援学校に措置するという原則を撤廃したこと，そして本人・保護者の意見を最大限尊重し，関係者間の合意形成を原則としたことである。その結果，障害のある子どもの就学先は，障害の状態，本人の教育的ニーズ，本人・保護者の意見，教育学，医学，心理学等専門的見地からの意見，学校や地域の状況等を踏まえた総合的な観点から決定される仕組みへと変更された。2013年の文部科学省初等中等教育局特別支援教育課による教育支援資料では，就学先決定までの手続きの流れについて次のように示されている。

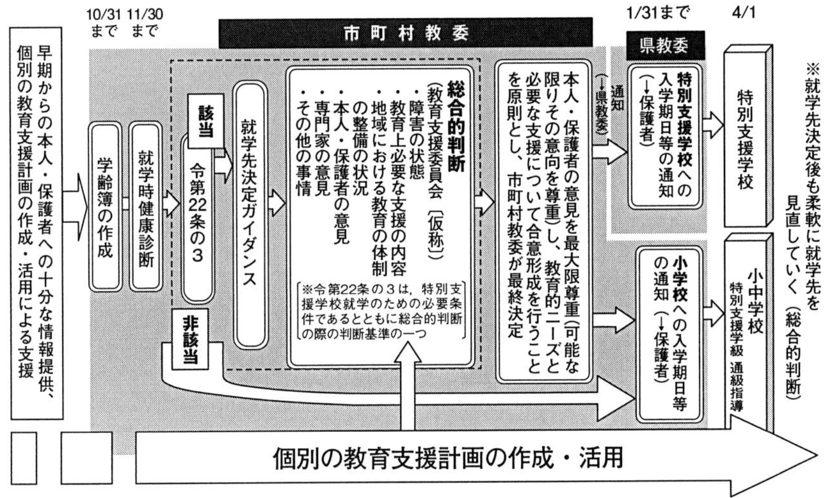

図1-5-1　障害のある児童生徒の就学先決定について（手続きの流れ）

特別支援学校に就学する子どもは，認定特別支援学校就学者となった。

参考文献

小林秀之・米田宏樹・安藤隆男編著（2018）『特別支援教育――共生社会の実現に向けて』ミネルヴァ書房．

文部科学省（2013）「教育支援資料～障害のある子供の就学手続きと早期からの一貫した支援の充実～」, https://www.mext.go.jp/a_menu/shotou/tokubetu/material/1340250.htm（2020年１月７日閲覧）．

文部科学省（2020）「特別支援教育資料（令和元年度）」，https://www.mext.go.jp/a_menu/shotou/tokubetu/material/1406456_00008.htm（2021年7月20日閲覧）．

中村満紀男編著（2019）『日本障害児教育史【戦後編】』明石書店．

（吉井　涼）

Q６　訪問教育ってなに？

訪問教育は，障害のため通学が困難な児童･生徒を対象に，特別支援学校の小学部･中学部･高等部の教員が，自宅または，児童福祉施設や医療機関などを訪問して，教育を行う形態のことである。

（１）法的な位置付けと現状

学校教育法において，訪問教育に関する直接の規定はみられない。学校教育法施行規則第131条第1項には，「特別支援学校の小学部，中学部又は高等部において，（中略）教員を派遣して教育を行う場合」，『特別支援学校小学部･中学部学習指導要領』（2017年4月告示）の第1章第8節（重複障害者等に関する教育課程の取扱い）において，「障害のため通学して教育を受けることが困難な児童又は生徒に対して，教員を派遣して教育を行う場合」との記載がみられる。

特別支援学校に設置される訪問教育学級は，小学部で590学級，中学部で366学級，高等部で380学級であり，訪問教育を受けている児童生徒数は，小学部が1,217人，中学部が729人，高等部が794人であり，その内訳は，表1-6-1のとおりである（2021年５月現在，文部科学省，2021a）。なお，視覚障害のみ，聴覚障害のみで訪問教育を受けている者はみられない。

（２）歴史

1960年代末頃より，就学猶予や免除となっていた児童生徒に対する，いわゆる「訪問指導」の取り組みが，各地で行われていた。訪問教育は，これらをもとに，1979年の養護学校義務制の実施とともに，制度化されたものである。高等部については，1997年度からの試行的実施を経て，2000年度より本格実施さ

表1-6-1　訪問教育を受けている児童生徒数（障害別）

	小学部	中学部	高等部
知的障害のみ	47	18	75
肢体不自由のみ	30	20	3
病弱･身体虚弱のみ	127	114	27
重複障害	1,013	577	689
計	1,217	729	794

れた。なお，訪問教育を受ける児童生徒数は，小学部・中学部では減少が続くとともに，高等部でも2003年度を境に，減少傾向にある（文部科学省，2021b）。

（3）教育課程及び課題

訪問教育に関わる教育課程については，学校教育法施行規則第131条第1項において「特別の教育課程によることができる」とされている。『特別支援学校小学部・中学部学習指導要領』の「重複障害者等に関する教育課程の取扱い」においては，各教科等に替えて「自立活動を主として指導を行うことができる」ことや，その授業時数については「実情に応じた授業時数を適切に定める」ことが示されている。

全国訪問教育研究会（2018）による調査（2017年5月現在）によると，家庭での指導を受ける児童生徒のうち，自立活動を主とした教育課程が適用されるものは89%であり，週3回の指導を受ける児童生徒が69%であった（筆者が算出)。また，1回当たりの指導時間数については，「『90分以上120分未満』と『120分以上』を合わせると80%以上」であるとされていた。

訪問教育は，教育の機会均等をはかる役割を果たしているが，児童生徒のさらなる学習機会の保障として，授業日数や授業時数の確保が求められる他，その形態上，他児や他者と関わる機会がほとんどないことから，「スクーリング」の充実や訪問教育担当者以外の「同行訪問」の実施などが望まれる。また，医療的ケア児も含む児童生徒の障害の重度化に伴う，教育方法や指導方法の困難さも増す一方で，小学部・中学部の在籍児童生徒数に対する，訪問教育を受けている児童生徒数の割合は約2.4%に過ぎない（2021年5月現在）ため，研修の少なさをはじめとする，訪問教育を担当する教員の「孤立化」も指摘されている。

参考文献

文部科学省（2021a）「令和3年度学校基本調査」.

文部科学省（2021b）「特別支援教育資料（令和2年度）」.

全国訪問教育研究会（2018）『訪問教育の現状と課題Ⅷ』.

（中山忠政）

Ｑ７　特別支援学級ってなに？

１．特別支援学級の概要

（1）特別支援学級とは

小学校･中学校（以下，小中学校）において障害のある子どもへの支援の核となるのは，特別支援学級（以下，支援学級）と通級による指導の2つとなる。支援学級とは，学校教育法（昭和22年法律第26号）第81条2項に定められ，小中学校，高等学校及び中等教育学校に教育上特別な支援を必要とする児童生徒のために置くことができる学級である。制度上，高等学校及び中等教育学校にも置けるが，実際には設置されていない。学級定員は1学級8人で，最大8人の少人数で編制され，子ども一人ひとりの実態に即した「個に応じた指導」が展開されている。通常の学級（以下，通常学級）での交流及び共同学習（以下，交流学習）も日常的に行われる。

支援学級の呼称は，以前「特殊学級」であったが，2006年学校教育法の一部改正による盲･聾･養護学校が特別支援学校（以下，支援学校）に一本化されたことに併せて，名称変更された。卒後の進路先については，小･支援学級で中･支援学級や支援学校中学部，また，中･支援学級で支援学校高等部や高等支援学校，一般の高等学校（全日制，定時制）が一般的である。

（2）対象となる子ども

支援学級の対象となる児童生徒は①知的障害者，②肢体不自由者，③身体虚弱者，④弱視者，⑤難聴者，⑥その他障害のある者で支援学級において教育を行うことが適当なものである。⑥は実質的に言語障害者と自閉症･情緒障害者（選択性かん黙等）となる。ただし，①知的障害者と⑥の自閉症者では両症状の併存（先天的に）が少なくなく，地域事情や就学支援体制も関連して，自閉症の子どもが知的障害支援学級に在籍し，その逆もまたあり得る。各県市町村の就学支援の規準や歴史的な背景により，⑥では本来は通級による指導の対象となる知的障害を伴わない自閉症児，行動支援や養育支援のニーズの高いADHD児等が含まれることもある。これらの場合も，子どものことを第一に，学習参加の保障や学校生活への適応支援を観点として，個々の実態に即した適正就学と進路先の決定が総合的に判断される。

支援学級への在籍が適正な子どもの障害の程度では，①知的障害者の場合，「知的発達の遅滞があり，他人との意思疎通に軽度の困難があり日常生活を営むのに一部援助が必要で，社会生活への適応が困難である程度のもの」となる。現在では，保護者の就学先に対する要望や，日常生活及び社会生活への適応能力から総合的に就学先が決定される。

（３）児童生徒数

2020年度の特別支援教育資料によると，小中学校の支援学級在籍数は302,473人，学級数は69,947となる。支援学級を支える担任は小52,310人，中22,655人となる。また，同資料では，支援学級児童生徒数は，義務教育段階のうち2.2％を占め，2010年比の約2.1倍の増加となる。この増加率は支援学校に比べて高い。文部科学統計要覧（令和２年版）によると，少子化等の影響もあり，全小学校児童数は1990年度で9,373,295人，その後年々減少し，2020年度では6,300,693人となる。その一方で，支援学級在籍者数は増加の一途を辿っている。支援学校の3倍を越える子どもが在籍している。児童生徒数の観点から見ると，支援学級の特別支援教育における役割はたいへん大きい。障害種別に見ると，知的障害者（小44.6％，中48.5％）と自閉症･情緒障害者（小50.9％，中47.5％）の割合は多く，2つを合わせると，小95.5％，中96.0％を占める。知的障害者と自閉症･情緒障害者はほぼ同数で，特に自閉症･情緒障害は2010年度では約55,782人であったのに対して2020年度では約151,141人となり，約2.7倍の増加率である。急激な増加の理由は，自閉症児の有病率や発生率が増加しているわけではない。知的障害を伴わない自閉症児の診断が前向きに行われるようになったこと，支援対象としての社会的認知が定着したこと，一部の保護者の特別支援教育を受けたい要望の高まりや，学習や行動上のつまずきへの予防的な支援が整備されたことがあると考えられる。

2. 特別支援学級の教育課程と指導の実際

（1）教育課程の編成

支援学級の教育課程は，学校教育法施行規則第138条にもとづき，各学校が主体となって，子ども一人ひとりの実態，またその多くは異年齢集団となる学級全員の実態等に即して編成される。基本的には小中学校学習指導要領に沿って編成されるが，児童生徒の実態等の必要に応じて支援学校学習指導要領を参考にした「特別の教育課程」も取り入れられる。特別な教育課程では，各教科の目標･内容を下学年の教科の目標･内容に替えたり，「自立活動」を取り入れたり，領域教科を合わせた指導の生活単元学習，作業学習，日常生活の指導等を取り入れたりして編成される。調査結果から，小･支援学級93.5%で領域教科を合わせた指導が実施されていることが報告されている（涌井ら，2014）。

（2）教科書

教科書は，特別の教育課程編成により，文科省検定済教科書及び著作教科書を使用することが適当でない場合，支援学級を置く学校の設置者の定めるところにより，他の適切な教科用図書を使用できる（学校教育法附則第9条及び学校教育法施行規則第 139 条）。原則として下学年用の検定教科書又は特別支援学校用の文科省著作教科書であるが，それが不適当な場合，各地域の協議会等で市町教育委員会が採択した一般図書等を含むこともできる。また，視覚障害支援学級では「特別支援学校視覚障害者用」（点字版），聴覚障害支援学級では「特別支援学校聴覚障害者用」も使用される。

（3）自立活動の指導

自立活動の指導は，特別な教育課程の柱となる。その目標は，個々の児童又は生徒が自立を目指し，障害による学習上又は生活上の困難を主体的に改善･克服するために必要な知識，技能，態度及び習慣を養い，心身の調和的発達の基盤を培うことである。内容は健康の保持，心理的な安定，人間関係の形成，環境の把握，身体の動き，コミュニケーションの6つとなる。指導にあたっては個々の児童生徒の障害の状態や発達の段階等の的確な把握に基づき，指導の目標及び指導内容を明確にし，個に応じた指導を系統的，組織的に実現するための「個別の指導計画」が作成される。6つの内容から個々に必要とされる項目を選定し，それらを相互に関連付け具体的な指導目標・内容を設定する。

（4）交流及び共同学習

支援学級に在籍する利点の1つに交流学習がある。障害のある子どもとない子どもが授業や行事活動等に一緒に参加する大切な学習となる。保護者にとって地域の小中学校を進路先として要望する魅力の1つにもなる。もちろん支援学校も地域の学校であり，障害のある子ども同士の交流も大切であるが，障害のない子どもとの日常的な交流学習は，地域で暮らす土台づくりの一歩になる。2005年，障害者基本法では，障害のある子どもと障害のない子どもとの交流学習を積極的に進める旨が規定されたことを踏まえて，支援学級担任と通常学級担任の連携のもと，支援学級に在籍する児童生徒が通常学級で学ぶ機会が適切に設けられることを促進するとともに，その際の教育内容の充実に努めることが示された。さらに，現行の小・中・高等学校学習指導要領では，通常学級の児童生徒においても，障害のある子どもとの交流学習の設定が明示されており，障害のない子どもにとっても，交流学習は重要な教育課題となる。対等な仲間関係での関わり（トラブルを含む）を通じて，仲間や自己の理解を深め，互いに尊重し合う交流学習を，計画的組織的に実施する方法とその効果検証が今後さらに重要である。

参考文献

文部科学省（2020）「文部科学統計要覧（令和2年版）」.

文部科学省（2021）「特別支援教育資料（令和2年度）」.

涌井恵（研究代表者）（2014）「平成24～25年度知的障害特別支援学級（小・中）の担任が指導上抱える困難やその対応策に関する全国調査」, 2014年3月 , http://www.nise.go.jp/cms/7,8994,16.html（2019年12月1日閲覧）.

（村中智彦）

Ｑ８　通級による指導ってなに？

１．通級による指導の概説

通級による指導とは，小学校，中学校，義務教育学校，高等学校及び中等教育学校の通常の学級に在籍している軽度の障害のある児童生徒に対して，大部分の授業を通常の学級で行いながら一部の授業について障害に応じた特別の指導を「通級指導教室」といった特別の指導の場で行う指導形態である。

小学校，中学校，義務教育学校，高等学校又は中等教育学校において，次の各号のいずれかに該当する児童又は生徒（特別支援学級の児童及び生徒を除く。）のうち当該障害に応じた特別の指導を行う必要があるものを教育する場合には（中略）特別の教育課程によることができる（学校教育法施行規則第140条，平成28年文部科学省令第34号）。各号のいずれかに該当する児童又は生徒とは，①言語障害者，②自閉症者，③情緒障害者，④弱視者，⑤難聴者，⑥学習障害者，⑦注意欠陥多動性障害者，⑧その他障害のある者で，特別の教育課程による教育を行うことが適当なものを指す。

学校教育法施行規則第140条の規定による特別の教育課程について定める件の一部を改正する告示（平成28年文部科学省告示第76号）によると，障害に応じた特別の指導とは，障害による学習上又は生活上の困難を改善し，又は克服を目的とする指導である。これは特別支援学校の教育課程において特別に設けられた指導領域である「自立活動」に相当する指導である。また，特に必要がある場合には，児童生徒の障害の状態に応じて各教科の内容を取り扱いながら行うことができる。通級による指導を行う場合，各学校は，障害に応じた特別の指導を各学校の教育課程に加え，又はその一部に変えるという特別の教育課程を編成することができる。

通級による指導の実施形態には，児童生徒が在学する学校において指導を受ける「自校通級」，他の学校に週に何単位時間か定期的に通級し指導を受ける「他校通級」，通級による指導の担当教員が該当する児童生徒がいる学校に赴き，又は複数の学校を巡回して指導を行う「巡回指導」がある（図1-8-1）。

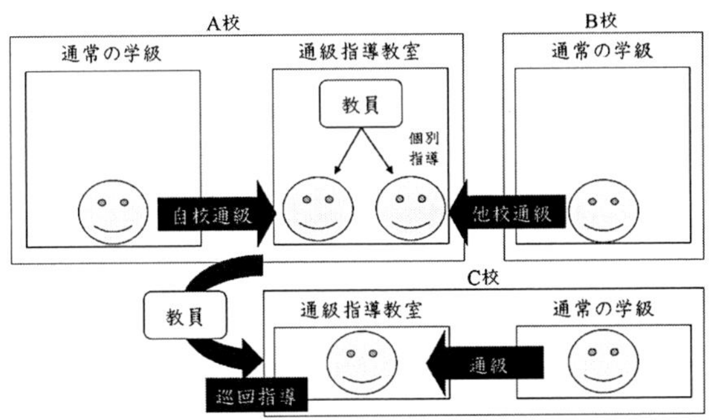

図1-8-1　通級による指導の実施形態

対象の児童生徒数と指導の教育的効果との関係性，児童生徒や保護者にとっての心理的な抵抗感・通学の負担・学校との相談の利便性，通級による指導の担当教員と通常の授業の担任教員との連絡調整の利便性等を総合的に勘案し，各学校や地域の実態を踏まえて効果的な形態を選択する。

2．通級による指導の具体例

通級による指導の代表的な指導方法に，ソーシャルスキルトレーニング（以下，SST）がある。岡田・三好・桜田・横山（2014）は，通級指導教室において，自閉スペクトラム症のある小学6年生男児3名への話し合いスキルに焦点を当てたSSTの効果を検討した。SSTは，スキルに関する具体的な教示や指導者によるスキルのモデリング，ゲーム活動等を通したスキルの行動リハーサル，児童のスキル遂行に対する指導者の称賛，日常生活におけるスキル遂行の促しから構成された。その結果，自由遊び場面における児童間の相互交渉（同じ道具で遊ぶことや話しかけること等）の生起回数と，話し合い場面における児童の提案と応答の生起回数に増加が確認され，SSTの有効性が示唆された。

参考文献

岡田　智・三好身知子・桜田晴美・横山佳世（2014）「通級指導教室における自閉症スペクトラム障害のある子どもへの小集団でのソーシャルスキルの指導――仲間交流及び話し合いスキルプログラムの効果について」『LD研究』23, pp.82-92.

（半田　健）

Ｑ９　自立活動ってなに？

１．自立活動の意義と教育課程上の位置づけ

Aさんは，音読の際に文字や行を読み飛ばすことがある。また，似た文字を読み間違ったり書き間違ったりするために，文字式や英単語の綴りで誤答になってしまうこともある。さらに，慣れ親しんだ校内でも，教室移動の際にはしばしば迷ってしまう。

このような状態は，Aさんの力を十分に発揮できない状況を生むとともに，今後の学習の成立にも影響を及ぼしてしまう。そこで，学習上や生活上の困難の背景を探り，改善に向けた指導が必要になる。その指導が，自立活動の指導である。

特別支援学校の学習指導要領解説（自立活動編）第２章 自立活動の意義と指導の基本には，以下のように自立活動の意義が述べられている。

「小･中学校等の教育は，幼児児童生徒の生活年齢に即して系統的･段階的に進められている。そして，その教育の内容は，幼児児童生徒の発達の段階等に即して選定されたものが配列されており，それらを順に教育をすることにより人間として調和のとれた育成が期待されている。

しかし，障害のある幼児児童生徒の場合は，その障害によって，日常生活や学習場面において様々なつまずきや困難が生じることから，小･中学校等の幼児児童生徒と同じように心身の発達の段階等を考慮して教育するだけでは十分とは言えない。そこで，個々の障害による学習上又は生活上の困難を改善･克服するための指導が必要となる。このため，特別支援学校においては，小･中学校等と同様の各教科等のほかに，特に「自立活動」の領域を設定し，その指導を行うことによって，幼児児童生徒の人間として調和のとれた育成を目指しているのである。」

障害のある子どもたちにも教科の学習を保障することが前提となるが，それらの学習の成立には，「個々の障害による学習上又は生活上の困難を改善･

克服する」ための指導が欠かせない。「自立活動」の指導を合わせて行うことにより「人間として調和のとれた育成」を目指すことになる。

今回の小学校及び中学校の学習指導要領改訂により，特別支援学級の教育課程では「障害による学習上又は生活上の困難を克服し自立を図るため，特別支援学校小学部･中学部学習指導要領第７章に示す自立活動を取り入れること」が示された。通級による指導についても，「特別支援学校小学部･中学部学習指導要領第７章に示す自立活動の内容を参考とし，具体的な目標や内容を定め，指導を行うものとする」と明示された。自立活動は，特別支援教育の要である。障害のある子どもの学びの場が多様化する中で，自立活動の指導の担い手も拡大している。教師が自立活動の指導とは何かを理解し，適切な指導を具現化できるかが，特別支援教育の充実を左右するのである。

２．自立活動の目標と内容

自立活動の目標は，次の通りである。

「個々の児童又は生徒が自立を目指し，障害による学習上又は生活上の困難を主体的に改善･克服するために必要な知識，技能，態度及び習慣を養い，もって心身の調和的発達の基盤を培う」

これが，学習指導要領が示す唯一の目標になる。よって，自立活動の指導では，教科のように，学習指導要領に明示される目標の系統性に照らした実態把握や指導目標の設定はできない。

内容については，「健康の保持」「心理的な安定」「人間関係の形成」「環境の把握」「身体の動き」「コミュニケーション」の６つの区分のもとに，27項目が示されている。これらは，視覚障害の子どものための「環境の把握」，発達障害の子どものための「人間関係の形成」のように，特定の障害を想定した内容を示しているわけではない。また，「まず『健康の保持』，次に『心理的な安定』」のように，扱う順序性を規定するものでもない。さらに，各教科のように，学習指導要領に示された内容のすべてを扱うことが前提とはならない。一人ひとりの子どもに設定した指導目標の達成を図る上で，必要な内容（項目）を選定し，指導することになる。

3. 指導の考え方

各教科と自立活動は，実態把握から指導目標の設定に至る手続きが異なる。2018（平成30）年改訂の特別支援学校教育要領・学習指導要領解説自立活動編（幼稚部・小学部・中学部）には，その手続きが記された。

自立活動の実態把握から指導目標・内容の設定に至る手続きは，子どもの障害の種類や程度にかかわらず共通である。

実態把握では，「健康の保持」や「人間関係の形成」「身体の動き」等，6つの視点（内容の区分）から子どもの実態を把握することが重要である。自閉症の子どもについては「人間関係の形成」「コミュニケーション」，肢体不自由の子どもについては「身体の動き」の実態を把握すれば十分，という考え方ではないことに留意する必要がある。

次に，指導目標の設定についてである。「○○ができない」子どもに対し，安易に「○○ができるようになる」ことを指導目標とすることは避けなければならない。「なぜ○○ができないのか」，子どもが見せる姿の背景に目を向け，理解を深める作業が不可欠である。把握した子どもの実態から，今年度の指導目標を検討する上で考慮すべき課題を整理し，それぞれの課題がその子どもの中でどのように関連しているのかを紐解くのである。中心となる課題を見いだした上で，指導目標を設定する（図1-9-1）。

特別支援学校で，認知やコミュニケーション，姿勢・運動等の発達の諸側面ごとに把握した実態をもとに，それぞれの次の発達段階を指導目標として設定する実践を目にすることがあるが，これは自立活動の意義にそぐわない手続きになる。発達の段階を考慮することは大切であるが，子どもの様々な姿がどのように影響し合っているのかを理解することが，「個々の障害による学習上又は生活上の困難」を把握する上で不可欠である。

指導目標を設定したら，指導内容の設定である。個々の子どもに設定した指導目標を達成させるために，扱う必要のある内容（項目）は何か，27項目から選定し，選定した項目を関連付けて具体的な指導内容を設定する。

なお，自立活動では，教科の目標・内容で扱うものは扱わない。また，上

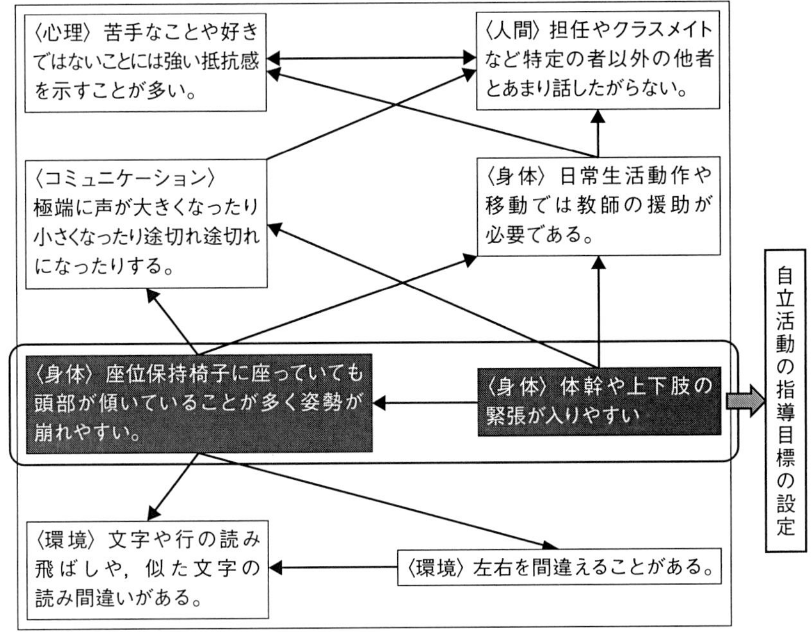

図1-9-1　Ａさんの課題関連図

※古川･一木（2016）をもとに作成

記の手続きに基づき，１人で個別の指導計画を作成することは容易でない。他の教師との協働が肝要となる。特別支援学校には，協働性に基づく個別の指導計画の作成システムの構築とともに，特別支援学級や通級による指導を担当する教師の個別の指導計画の作成を支えるようなセンター的機能の発揮が求められる。

参考文献

古川勝也･一木薫編著（2016）『自立活動の理念と実践──実態把握から指導目標･内容の設定に至るプロセス』ジアース教育新社．

文部科学省（2018）「特別支援学校教育要領･学習指導要領解説自立活動編（幼稚部･小学部･中学部）」．

（一木　薫）

Q 10　特別支援教育コーディネーターってなに？

1．特別支援教育コーディネーターとは

特別支援教育コーディネーター（以下，コーディネーター）とは，特別支援教育を推進するため各学校で中心的な役割を担う教員である。2007（平成19）年に文部科学省が「特別支援教育の推進について（通知)」の中で「特別支援教育のコーディネーター的な役割を担う教員を『特別支援教育コーディネーター』に指名し，校務分掌に明確に位置付けること」と規定し（文部科学省, 2007），現在では，ほぼすべての公立学校でコーディネーターが指名されている状況である（文部科学省, 2018)。

2．特別支援学校におけるコーディネーターの役割

特別支援学校におけるコーディネーターの役割として，校内委員会･校内研修の企画･運営，関係諸機関･学校との連絡･調整，保護者からの相談窓口などがあるが，加えて特別支援学校のセンター的機能の中心的な役割を担っている（中央教育審議会, 2012)。センター的機能とは，各学校の要請に応じて，教育上特別の支援を必要とする児童等の教育に関し必要な助言又は援助を行うものである（学校教育法第74条)。センター的機能は，コーディネーターが1人で担うわけではなく，例えば「地域支援部」といった組織を校内に設け，チームで対応していくことが重要である。センター的機能の具体的な内容としては表1-10-1のようなものが挙げられる（中央教育審議会, 2005)。

文部科学省（2017b）の調査によると，特別支援学校に寄せられる小･中学校等の教員や児童等，保護者からの相談件数は，公立の特別支援学校で平均年間100件を超える。相談内容としては,「指導･支援に係る相談･助言」「障害の状態等に係る実態把握･評価等」「就学や転学等に係る相談･助言」などが多く，障害種別にみると知的障害に加え，学習障害（LD）や注意欠陥多動性障害（ADHD)，自閉症等の発達障害や情緒障害に関する相談件数が多くなって

表1-10-1

①　小・中学校等の教員への支援機能
②　特別支援教育等に関する相談・情報提供機能
③　障害のある幼児児童生徒への指導・支援機能
④　福祉，医療，労働などの関係機関等との連絡・調整機能
⑤　小・中学校等の教員に対する研修協力機能
⑥　障害のある幼児児童生徒への施設設備等の提供機能

いる。したがって，センター的機能を担うコーディネーターをはじめとした特別支援学校の教員には，五障害（視覚障害，聴覚障害，知的障害，肢体不自由，病弱）のみならず，発達障害や情緒障害を含む幅広い障害種に関する知識や技能が求められる。しかし，「地域の相談ニーズへ応えるための人材を校内で確保すること」や「多様な障害に対応する教員の専門性を確保すること」は難しく，多くの特別支援学校で課題となっている（文部科学省,2017b）。

3．通常の学校におけるコーディネーターの役割

幼稚園や小・中・高等学校等の通常の学校におけるコーディネーターの役割としては，表1-10-2のようなものが挙げられている（文部科学省,2017a）。

特に「②各学級担任への支援」について，コーディネーターは学級担任と連携を図りながら情報を整理し，児童等の実態把握を行うとともに，学級担任に助言を行うが，その際に重要なことは，児童等に日常的に指導・支援を行うのはあくまで学級担任であり，コーディネーターは学級担任ができることを見極めながら助言する必要があるということである。コーディネーターには学校全体の教員の資質能力の向上に指導的な役割を果たすことも期待されており（中央教育審議会,2012），後述する「コンサルテーション」の技能が重要となる。

表1-10-2

①　学校内の関係者や関係機関との連絡調整
②　各学級担任への支援
③　巡回相談員や専門家チームとの連携
④　学校内の児童等の実態把握と情報収集の促進

4．コーディネーターに求められる専門性

これまで述べてきたようにコーディネーターの役割は多岐に渡る。そのため，コーディネーターに求められる資質･技能も「障害についての知識」や「アセスメントの技能」をはじめ「交渉する力」や「情報収集･活用の技能」，「カウンセリングマインド」，「ファシリテーション技能」など様々な項目が挙げられている（国立特殊教育総合研究所，2006）。

こうした資質･技能の中でも，コーディネーターが「センター的機能の中心的な役割」や「指導的な役割」を果たすためには「コンサルテーション」の技能が必要不可欠である。コンサルテーションとは，支援や援助を提供する「コンサルタント」，コンサルタントから支援や援助を受ける「コンサルティ」，支援や援助を直接的に必要としている「クライアント」の三者の関係で示され，コンサルタントは原則としてクライアントに直接介入しない。つまり，コーディネーターはコンサルタントとしてコンサルティである学級担任等に助言や指導を行い，学級担任自身がクライアントである子どもに介入するという流れになる。近年では，応用行動分析学の理論をベースにした「行動コンサルテーション」の実践も進んでいる（加藤･大石，2011）。行動コンサルテーションにおいては，クライアントである子どもの行動はもちろんのこと，コンサルティである学級担任の行動にも注目し，学級担任の適切な指導行動が生起しやすいように，指導行動の遂行度をモニタリングしたり，適切な指導行動に対して賞賛などのフィードバックを行ったりする。こうした学級担任が指導しやすい環境を整えることもコンサルタントであるコーディネーターの重要な役割のひとつである。

5．コーディネーターに関する課題

現在，特に通常の学校のコーディネーターの多くは，校内に１名かつ学級担任等と兼務している（文部科学省，2018）。そのため，業務過多による多忙さの問題などが指摘されている（宮木，2015）。そうした中，教育再生実行会議（2016）は，第九次提言において「特別支援教育関係の専門スタッフ

との連絡調整や校内委員会の企画・運営等を行う教師（特別支援教育コーディネーター）の専任化など学校での教育体制を一層充実する」と述べ，今後コーディネーターを専任化していく必要性を示した。また，中央教育審議会（2012）は，コーディネーターの複数指名の必要性を指摘している。しかし，コーディネーターの専任化や複数指名は十分に進んでいるとは言えない（文部科学省,2018）。また，そもそもコーディネーターを専任化や複数指名することによりどのような効果があるのか，別の課題が生じないか等についても十分に検討されておらず，コーディネーター制度の在り方については慎重な議論が必要である。

参考文献

中央教育審議会（2005）「特別支援教育を推進するための制度の在り方について（答申）」.

中央教育審議会（2012）「共生社会の形成に向けたインクルーシブ教育システム構築のための特別支援教育の推進（報告）」.

加藤哲文・大石幸二編著（2011）『特別支援教育を支える行動コンサルテーション――連携と協働を実現するためのシステムと技法』学苑社.

国立特殊教育総合研究所（2006）「特別支援教育コーディネーター実践ガイド」.

教育再生実行会議（2016）「全ての子供たちの能力を伸ばし可能性を開花させる教育へ（第九次提言）」.

宮木秀雄（2015）「通常の学校の特別支援教育コーディネーターの悩みに関する調査研究――調査時期による変化と校種による差異の検討」『LD研究』24（2）, pp.275-291.

文部科学省（2007）「特別支援教育の推進について（通知）」.

文部科学省（2017a）「発達障害を含む障害のある幼児児童生徒に対する教育支援体制整備ガイドライン」.

文部科学省（2017b）「平成27年度特別支援学校のセンター的機能の取組に関する状況調査について」.

文部科学省（2018）「平成29年度特別支援教育に関する調査の結果について」.

（宮木秀雄）

Ｑ１１　特別支援教育支援員ってなに？

１．特別支援教育支援員とは

通常の学校に在籍する子どもの学習活動を支援するために，特別支援教育支援員（以下，支援員）が配置されることがある。以前より市町村が独自に教職員を加配することはあったが，特別支援教育が開始された2007年度より，地方財政措置として各自治体で計画的に配置できるようになっている。

支援員は市町村が独自に配置する職であるため，その要件や待遇などは自治体によって異なる。支援員の名称についても，「特別支援教育補助指導員」（仙台市）や「特別支援教育サポーター」（大阪市）など自治体によって様々である。また，教師ではないため授業を行うことができないかわりに，教員免許の保有を要件とせず，教育に関心のある人であれば誰でも任用されることが多い。しかし，特別な支援を必要とする子どもに対するきめ細やかな支援を実施するためには不可欠な人的資源であり，その必要性はインクルーシブ教育の推進とともにさらに高まっている。

２．特別支援教育支援員に求められる役割

学校の状況や支援が必要な子どもの実態に応じて，支援員に求められる役割は様々であるが，例えば，以下のようなものが想定されている。

①　基本的生活習慣確立のための日常生活上の介助
②　発達障害のある子どもに対する学習支援
③　学習活動や移動･行事における介助
④　児童生徒の健康･安全確保
⑤　周囲の子どもに対する障害理解促進

支援員は，特定の子どもの介助をするために配置されるものではなく，学級担任の指導を補助するという役割が大きい。そこで，支援員には子ども一人ひとりを共感的･肯定的に理解し関わるだけでなく，学級全体を俯瞰する

客観的な視点が必要である。また，そのためにも，校長や教頭，特別支援教育コーディネーター，担任等と連携することが不可欠であり，教師との意思疎通を図ることができるコミュニケーション力や柔軟な姿勢が求められる。

３．特別支援教育支援員の活用と課題

文部科学省が2007年に示したリーフレットによると，車いすの移乗介助や視覚障害のある子どもの安全面の確保など，特定の障害種に限らず様々な支援ニーズのある子どもに対して複数の場面を想定して，支援員の活用を促している。しかし，実際には，発達障害のある子どもへの支援が多く，具体的には学習支援や補助のほか，基本的生活習慣の獲得に関わる介助や行事等における介助が多いことが研究によって示されている。

文部科学省によると，概ね１校あたり１～２名の支援員が配置されていることになるが，多くの学校で支援員の配置数が少ないのが現状である。また，支援員のうち教員免許を保有しているのは約半数程度という報告もあり，特別支援教育や障害特性に関する知識や経験の不足から，具体的な支援方法がわからず，子どもの不適応や誤学習を招いている場合もある。そのため，支援員に対する研修機会の確保が必要である。

また，教師の多忙化の問題もあり，担任が支援員に対して支援の方向性を伝え，意思疎通を図る機会が設定されないこともある。学校によっては，支援員をどのように活用すれば良いか定まっていないこともある。そのため，支援員に過度な心理的負荷がかかることもあり，メンタルヘルスの問題を含め，働きやすい環境づくりを検討することも重要である。学校には教師以外の様々な職種がおり，チーム学校として子どもたちへの支援に一体的かつ計画的に取り組んでいくことを一人ひとりが理解する必要があるだろう。

参考文献

文部科学省（2007）「『特別支援教育支援員』を活用するために」, 文部科学省初等中等教育局特別支援教育課, 2007年6月, https://www.mext.go.jp/a_menu/shotou/tokubetu/material/002.pdf（2020年2月20日閲覧）.

（松下浩之）

Q 12　校内委員会ってなに？

1．校内委員会の概説

校内委員会とは，学校内での教育支援体制を確立するために，特別な教育的支援を必要とする幼児児童生徒の実態把握や支援内容の検討等を行う委員会である。特別な教育的支援を必要とする幼児児童生徒への支援を学校全体で取り組むためには，校内委員会を設置して校務分掌に位置づけ，教職員間の共通理解を図ることが必要である。校内委員会は主に以下の役割を担う。

① 幼児児童生徒の障害による学習上又は生活上の困難の状態及び教育的ニーズの把握

② 特別な教育的支援を必要とする幼児児童生徒に対する支援内容の検討（個別の教育支援計画等の作成･活用及び合理的配慮の提供を含む）

③ 特別な教育的支援を必要とする幼児児童生徒の状態や支援内容の評価

④ 障害による困難やそれに対する支援内容についての判断を専門家チームに求めるかどうかの検討

⑤ 特別支援教育に関する校内研修計画の企画･立案

⑥ 特別な教育的支援を必要とする幼児児童生徒を早期に発見するための仕組み作り

⑦ 必要に応じて，特別な教育的支援を必要とする幼児児童生徒の具体的な支援内容を検討するためのケース会議の開催

校内委員会を設置するにあたっては，独立した委員会を新たに組織する場合や，既存の委員会（生徒指導部会等）に校内委員会の機能を拡充する場合等がある。校内委員会の構成員は，管理職や特別支援教育コーディネーター，主幹教諭，指導教諭，通級による指導担当教員，特別支援学級担任，養護教諭，支援対象となった幼児児童生徒の学級担任，学年主任等が挙げられる。これらにおいて重要なことは，各学校の規模や実情に応じて，学校としての方針を決め，教育支援体制を確立するために必要な組織編成や人材を検討す

ることである。校内委員会で支援対象となった幼児児童生徒の状態や支援内容は，定期的に校内委員会で共有するとともに，教職員全体にも共通理解を図る。また，支援内容に対する幼児児童生徒の状態について，単元や学期といった一定の期間ごとに評価を行い，支援内容に関して見直すことが必要である。その際，学校だけでなく，家庭等での様子も参考にする。

２．校内委員会の設置状況

文部科学省初等中等教育局特別支援教育課は，毎年，特別支援教育体制整備状況調査を実施しており，調査項目に校内委員会の設置状況を挙げている。図1-12-1は，同課の資料を参考に，2010年度と2018年度における国公私立の幼･小･中･高の校内委員会の設置率を示している。どの学校種においても，設置率に上昇がみられる。また，小･中学校では，ほとんど全ての学校に校内委員会が設置されていることがわかる。

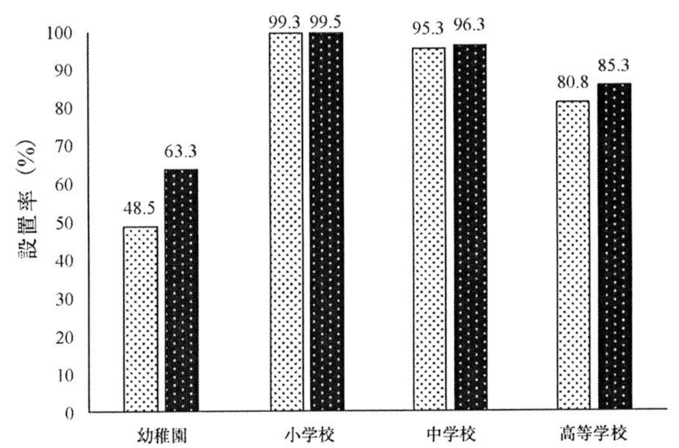

図1-12-1　校内委員会の設置率に関する学校種別の推移

参考文献

文部科学省初等中等教育局特別支援教育課（2011）「平成22年度特別支援教育体制整備状況調査調査結果」, https://www.mext.go.jp/a_menu/shotou/tokubetu/material/1306927.htm（2020年1月13日閲覧）.

文部科学省初等中等教育局特別支援教育課（2019）「平成30年度特別支援教育に関する調査結果について」, https://www.mext.go.jp/content/20191220-mxt_tokubetu01-000003414-01.pdf（2020年1月13日閲覧）.（半田　健）

Q 13　学校が関係機関や家庭等と連携して支援体制を構築するにはどのようなことが必要なの？

支援を必要としている児童生徒の状態像を理解するために，その人に関する情報を様々な角度から集め，整理し，解釈することが必要である。これらの過程を，「アセスメント」と言う。

（1）障害特性や教育的ニーズの共通理解

アセスメントを行うにあたり，支援を必要としている児童生徒に関する情報を収集し，指導や支援の方法について検討するためのケース会議の場を設ける。

ケース会議は，特別支援教育コーディネーターを中心に設定され，対象となる児童生徒が在籍する特別支援学級の担任や通常の学級の担任，管理職，保護者等が参加する。小学校高学年の児童～中高生の場合は，周りの大人だけで話を進めるのではなく，本人がケース会議に同席し，自分の苦手なことや頑張りたいことを参加者に伝えることが望ましい。本人がケース会議の参加を希望しない場合でも，アセスメントの目的や内容については丁寧に説明をし，本人が置いてきぼりにされないよう留意することが大切である。

最初のケース会議では，学校･家庭･医療機関等からの情報を集めながら，児童生徒の障害特性や教育的ニーズについての共通理解を図る。情報収集の際には，本人の苦手なことや困っていることの情報だけではなく，好きなことや得意なことを知っておくと，指導や支援の手がかりになる。収集する情報の例を下記に示す。

① 学校からの情報:得意な･好きな教科と苦手･嫌いな教科，友人関係（仲の良い友達），係活動や当番の様子，行事への参加，本人が努力･頑張っていること，特別支援学級･通級指導教室での様子，通常の学級での様子，成績（学習到達度）等

② 家庭からの情報:生育歴，生活習慣，余暇の過ごし方，本人が好きなこと･嫌いなこと，将来の夢（希望する進路）等

③ 医療機関等からの情報:病歴，診断名，知能検査や発達検査の結果，服薬状況，療育やリハビリの個別目標等

アセスメントで収集する情報は，本人や本人に関わる周りの人からの聞き

取り等による主観的情報に加え，標準化された検査（知能検査や発達検査等）やチェックリスト，医学的診断等の客観的情報が必要である。様々な角度から収集した情報を整理しながら，参加者で意見を出し合い，本人に必要な指導･支援の方法の協議を行う。ケース会議の過程の中で児童生徒への指導･支援の方針が決まるため，主治医や心理士，療育等に関わる専門職，ソーシャルワーカー等を招き，助言を受ける形で行うこともある。

（2）一貫性のある指導･支援

本人の障害特性や教育的ニーズについて共通理解を行い，協議して決まった指導や支援の方法については，「個別の教育支援計画」や「個別の指導計画」に記載することで，一貫性のある指導･支援を行うことができるようにする。また，校内委員会等において，定期的に対象となる児童生徒の報告を行うことで，全教職員の共通理解を図ることが重要である。

例えば，「イライラがおさまりそうにない時には，自分からカームダウンスペース（あらかじめ教室以外の場所に用意されている安全な空間）に移動する」を目標に，取り組んでいる児童がいたとする。その移動の途中に，たまたま廊下で出会った他学年の教員が事情を知らずに「授業中に何をしているの？」と声を掛けてしまったり，特別支援教育支援員が濃厚な支援をしてしまったりすることはよくない。本人の頑張りを，不適切な指導や過度な支援によって邪魔してしまうことはあってはならない。そのために，共通理解と指導計画に基づいた一貫性のある指導･支援が必要なのである。

また，一度決まった指導･支援の方法については，学期や学年が変わるタイミングで必ず評価をし，本人の成長を加味しながら修正していくことが必要である。これらの一連の流れは，Plan（計画），Do（実施），Check（評価），Action（改善）の「PDCAサイクル」で行われる。

そして，上述のエピソードのように，「目標」については，指導や支援に携わる人はもちろんのこと，本人が必ず知っておくことが大切である。「個別の教育支援計画」や「個別の指導計画」は本人の成長の経過や，うまくいった指導･うまくいかなかった指導についても振り返ることができるため，学年間･学校間で確実に引き継いでもらいたい。（岡部帆南）

第2章

障害のある幼児児童生徒の発達・心理的特性・学習過程

Q 14　自閉スペクトラム症／自閉スペクトラム障害（ASD）ってなに？

1．自閉スペクトラム症／自閉スペクトラム障害（ASD）の定義

近年の国際的な診断基準によると，自閉スペクトラム症／自閉スペクトラム障害（ASD）（以下，自閉スペクトラム症）と定義される人々が困難さを抱える領域は大きく2つある（American Psychiatric Association, 2013; World Health Organization, 2018）。1つ目は，社会的な相互作用やコミュニケーションに関する領域，2つ目は，いわゆるこだわりの程度と感覚に関する領域である。自閉スペクトラム症は，これら2つの領域における困難が幼少の頃から存在し，日常生活する際に支援を要する状態にあることで定義される。これらの領域における困難の程度に加え，知的障害の有無や程度，話しことばの遅れの有無や程度などにより実態はさまざまである。

（1）社会的な相互作用やコミュニケーションの領域における困難

社会的な相互作用やコミュニケーションの領域とは，他者との相互的なやりとりの量や質に関する事柄である。「本人から他者への働きかけ」，「他者からの働きかけに対する応答」の双方向において，自閉スペクトラム症の人々には特徴的な行動パターンがみられる。

まず，「他者への働きかけ」と「働きかけに対する応答」の両方が少ないパターンがある。例えば，必要な時（要求のタイミングであることが多い）以外に自発的に働きかけることが少ない，他者からの働きかけに対して反応が少ない（無視をしているように見える）などが例である。聴覚等に問題があるわけではなく，後述するような音刺激への過敏性などで，特定の音には過剰に反応する者も多い。他者からの働きかけに対して反応が少ないだけではなく，他者を積極的に回避するケースもある。このような様子は自閉スペクトラム症の人々の一般的なイメージといえるかもしれない。しかし，実際には他にさまざまなパターンがある。例えば話しことばでのやりとりが可能

な者の中には，反応や応答はみられるが他者への自発的な働きかけが少ないパターン，他者への働きかけが多く一方的なやりとりになるパターンなどがある。他者にとって興味がない話題を一方的に話してしまうことによる困難などは後者の例といえる。

やりとりの質的な特徴に着目すると，アイコンタクトや表情など，非言語的なやりとりにおける困難さがみられる。他者への働きかけでは，アイコンタクトが短いまたは特徴的，笑顔などの表情が乏しい，声の抑揚が少ない，ジェスチャーが少ない，またこれらの非言語的なやりとりを組み合わせたコミュニケーションが乏しいなどの特徴がみられる。他者の表情から心情を読み取ることが難しいなど非言語的なやりとりの理解についても困難はみられる。話すことに困難さがみられない自閉スペクトラム症の人においても，上記のような非言語的なやりとりにおいては困難さがみられる。また，共感的なやりとりが乏しい傾向もしばしばみられる。自分から相手に共感を求めることを意図したやりとりを始発したり，相手の感情等に対して共感的に応じるやりとりを行ったり続けたりすることに特異性がみられる。幼児期の自閉スペクトラム症の子どもに多くみられる特徴のひとつとして，共有体験を求めることを意図した他者への働きかけが特に少ないことがある。例えば，自分の好きな電車が走っていた時に，近くにいる母親を見ながら電車を指さしする，母親に向かって「電車だ！」と知らせるなどの種類のかかわりが相対的に少ない。この特徴は自閉スペクトラム症の可能性に早期に気づく際の重要な指標のひとつである（共同注意の困難と呼ばれる）。その他，ことばを字義通りにとる，冗談や皮肉に気づきにくいといった傾向も自閉スペクトラム症の人々のやりとりにおける特徴として報告されることがある。

（2）こだわりの程度と感覚の領域における困難

こだわりの程度と感覚の領域における困難とは，ある行動を繰り返し続けることや，ある一定の状態やルールを頑なに守ること，興味が限定されていること，感覚に特異性がみられることなどによって特徴づけられる困難である。

繰り返しの行動には，手をひらひらと動かしたり身体を前後に揺らしたりする常同行動や繰り返し頭を壁などに打ちつける自傷行動が例としてあげられる。その他，紐を繰り返し回し続けたり車を一列に並べ続けたりする物を使った繰り返しの操作，あるフレーズを繰り返し口ずさむような（遅延）エコラリアなどがある。

ある一定の状態やルールを頑なに守ることには，ある日課活動を毎日同じ順序で行うことや部屋の配置などが同一であることを求めることなどがある。これらに変化が生じると，いつもの状態やルールに戻すことを強く求め，それができない時には激しく動揺する様子をみせることもある。

興味が限定されていることには，興味の幅が狭いことだけではなく，ある特定の物やトピックに対して強い興味を示すことも含まれる。興味の対象が独特であるケースも多いが，興味の対象によっては，ある特定の分野の知識や技能について秀でることもあり，就労や余暇に生かすことによって社会適応やQOL向上における「強み」となるケースもある。

感覚上の特異性も自閉スペクトラム症の人々に広くみられる特徴である。ある感覚刺激に対して過敏であったり，逆に鈍感であったりすることにより，社会適応においてさまざまな困難がもたらされる。例えば，掃除機の音に対して過敏性があることにより日常生活上で恐怖を抱く機会が多くなることや，味覚刺激への鈍感性から例えばパンを食べていても「紙を食べているようだ」などと報告する例などがある。偏食の背景にこのような感覚上の特異性があるケースも多い。

2．スペクトラムとは？

かつての診断基準では，話しことばに遅れのある「自閉性障害」，話しことばには遅れのない「アスペルガー障害」など，困難のある領域の違いなどによって区別されていた。しかし，これらの区別の妥当性が明らかでないことから，近年の国際的な診断基準では，先に述べたような2つの領域における行動特徴を連続体（スペクトラム）して捉え，自閉スペクトラム症とは，2つの領域における行動特徴による支援ニーズの強いものから弱いものとされ，話しことばや知的能力などについては遅れがある者からない者まで含む広い概念として整理されている。

３．自閉スペクトラム症の原因など

現在，自閉スペクトラム症は，生物学的な要因を背景を持つ障害と考えられている。保護者の育て方による養育環境が原因ではない。しかし，原因となる遺伝子や中枢神経系の器質・機能的な障害については，現在のところ特定されていない。また，単一の原因で生じるものではなく，環境要因も含めた多くの原因の組み合わせで生じる障害であると考えられている。従って，現在のところ自閉スペクトラム症の診断は，行動特徴の程度とそれに伴う日常生活上の困難の程度によって行われている。自閉スペクトラム症は，かつてはまれな障害とされていたが，現在では100人に１人程度とも報告されている。実際に増えているのか，それとも診断カテゴリーの変化などを反映しているものか明らかではない。男女比に関しては男子が多い。しかし，女子においてはその行動特徴の現れ方が異なることなどがあり，これが男女比の違いに影響している可能性も近年報告されている。注意欠如多動性障害など，他の発達障害の行動特徴が併存するケースも多い。

＊

自閉スペクトラム症は生物学的な要因を背景を持つ障害である。早期からの支援により社会適応が良好なケースも多く報告されているが，彼ら彼女らの特性の多くは生涯にわたってみられるものである。従って，周囲が彼らの特性を認め，彼らの強みや好みや弱い部分を知り，よりよい関わりの在り方を長いスパンで共に考えていけるような関係性が求められる。

参考文献

American Psychiatric Association（2013）*Diagnostic and Statistical Manual of Mental Disorders, Fifth Edition.* American Psychiatric Publishing, Arlington, VA. 日本精神神経学会（日本語版用語監修）高橋三郎·大野裕（監訳）(2014)『DSM-5　精神疾患の診断·統計マニュアル』医学書院．

World Health Organization（2018）*International Classification of Diseases for mortality and morbidity statics*（11th Revision）. June, 2018, https://icd.who.int/browse11/l-m/en（Retrieved January 29, 2020）.　（高橋甲介）

Q 15　注意欠陥多動性障害／注意欠如・多動症（ADHD）ってなに？

1．注意欠陥多動性障害／注意欠如・多動症（ADHD）の概要

注意欠陥多動性障害／注意欠如･多動症（Attention-Deficit/Hyperactivity Disorder；ADHD）は，不注意，多動性，衝動性を主な症状とする発達障害である。わが国におけるADHDの定義は，文部科学省による「今後の特別支援教育の在り方について（最終報告）」の中で試案として述べられている「年齢あるいは発達に不釣り合いな注意力，及び／又は衝動性，多動性を特徴とする行動の障害で，社会的な活動や学業の機能に支障をきたすものである。また，7歳以前に現れ，その状態が継続し，中枢神経系に何らかの要因による機能不全があると推定される。」が挙げられる。この定義は，アメリカ精神医学会による診断基準である精神疾患の診断･統計マニュアル第4版（DSM-IV）と，ADHDの行動評定尺度であるADHD-RS-IVを参考にしている。なお，2013年にアメリカにおいて精神疾患の診断･統計マニュアル第5版（DSM-5）が出版され，2014年に邦訳が出版された際に，ADHDに対しては注意欠如・多動性障害／注意欠如･多動症の訳語が提案されている。もう1つの世界的な診断基準である国際疾病分類第11版（ICD-11）（WHO, 2018）でも注意欠如多動症として定義されており，臨床場面での使用においてはDSM-5とICD-11の間に違いはほとんどない。

ADHDは，ほとんどの文化圏で子どもの約5%，成人の約2.5%に存在するとされている。日本では，ADHDに限定した疫学的調査はなされていないが，文部科学省による小･中学校の通常の学級において学習面や行動面に著しい困難を有する子どもについて担任教師を対象とした調査（文部科学省, 2012）で，不注意や多動，衝動性の特徴を示す子どもは3.1%含まれるとされている。この数値はADHD等の発達障害のある子どもの割合を直接示したものではないが，国内におけるADHDの可能性が疑われる子どもの割合

と考えることはできる。

２．ADHDの支援ニーズ

ADHDの主症状の背景として，脳機能の特異性による注意や情動をコントロールすることの難しさと，それらの生物学的，心理学的等種々の要因が想定されている。あわせて年齢発達やおかれた状況によっても，行動上に現れる特徴の程度や頻度が変化する場合がある。ADHDへの最初の気づきは幼稚園や保育園，あるいは小学校といった集団の場において，担当の保育士や教諭が落ち着きのなさ，対人関係上のトラブルなどに対してなされることが多いといわれる。一方，養育者は乳幼児期からの発達経過において育てにくさや関わりにくさを感じ続けていたり，周囲からしつけの問題等，非難を受けていたりする場合も多い。この点で，乳幼児期からそれ以降を通して，子ども本人のみならず養育者への支援対応は重要といえる。

学齢期は，就学前の生活以上に学校を中心とした集団の中でルールを守って活動することが求められるようになる。そのため，ADHD児にみられがちな，そわそわしていたり離席してしまったりといった状態像や，宿題や持ち物を忘れる，課題を最後までこなせないといった形での困難さが相対的に目立つことから，子ども本人や保護者への周囲からの叱責や非難が生じやすい。また，多くの子どもは学年が上がるとともに他の子どもたちとの仲間意識が生まれ，自分と周りとの関係を自己評価するようになっていく。そのような中で仲間集団のルールや役割にしたがった行動が取りにくいこと，これに伴うことを含め集団場面での失敗，叱責，孤立を繰り返し経験することにより，劣等感や疎外感，自尊感情の低下が起こりがちである。このような状態は，不登校，攻撃的行動，反抗的態度に至りやすいことが指摘されている（齊藤，2016）。

加えて，ADHDはそれそのものが単独で現れることが少なく，発達障害の中でも限局性学習症／限局性学習障害（Specific Learning Disabilities; SLD）や自閉スペクトラム症／自閉症スペクトラム障害（Autism Spectrum Disorder; ASD）といった，他の特徴を併せもつことも少なくない。主な症状と発達及びおかれる状況との影響のしかたも指摘されており，小学生期には不注意状態よりも多動性や衝動性が他者との社会的関係に悪影響を及ぼす一方で，中高生以降では多動性，衝動性よりも不注意が社会的関係により大きく影響するとされる（Prinsteinら, 2019）。小児期から成人期にわたって継続した状態の評価と支援の枠組みが求められているといえる。

3．ADHDの特性に基づく支援

基本的な3つの特徴に照らし合わせると，以下に示すような指導･支援が考えられるが，実際には上述したように個々の状態像が異なることを踏まえた，それぞれを柔軟に組み合わせた指導･支援となることが望ましい。それらの支援を通した大きな目的は，本人の自尊心低下や自己否定といった状態を軽減することである。

環境調整の側面からは，口頭指示だけでなく見えるものを用いた指示を行うなど，手がかりになるものを工夫したり，集団全体への指示だけでなく本人に直接指示をしたりすることが考えられる。また，指示には場面や人との間でできるだけ一貫性を持たせることも重要である。その上で，子ども自身が自分なりに行動をコントロールできたことを自覚できる機会があることが望ましいといえ，そのためにも見通しを持ちやすい環境設定は重要である。あわせて，予定表やがんばり表のようなものを用いて適切な行動が見られた場合にその都度シールや丸つけを与え，一定の数に達するとなんらかのごほうびが与えられるようにする方法（トークンエコノミー法）もよく用いられる。近年では子どもへの支援においても子ども自身の主体性や意思を尊重する観点からも，子どもに自分の行動を改善する方略を自分で開発させるための介入の手法である認知行動的アプローチや，子ども自身が自分の言葉で自分の行動をコントロールできるようになることを目指した自己教示訓練とよばれる方法も用いられてきている。

加えて，保護者に対する訓練も周囲の環境調整という点で重視されてきている。保護者への支援の方法としてペアレント･トレーニングが各地で用いられるようになってきている。保護者に子どもの行動変容のための方法を学習してもらうことで，効果的な子どもの問題解決に親が関わってもらうことをねらうとともに，親の養育ストレスの低下やうつ状態の軽減，親子の相互作用の改善にも効果があることが報告されている。

また，ADHDへの医学的な治療として，薬物療法が有効な場合がある。2020年3月時点で小児のADHDの治療薬として承認されているのは，メチルフェニデート塩酸塩徐放錠（商品名:コンサータ），アトモキセチン塩酸塩（商品名:ストラテラほか），塩酸グアンファシン塩酸塩徐放錠（商品名:インチュニブ），リスデキサンフェタミンメシル酸塩カプセル（商品名:ビバンセ）である。これらの薬物はそれぞれの作用機序が異なるが，共通するのは脳内の神経伝達物質による情報伝達をスムーズにする作用とされる。一方，重篤な場合はほとんどないものの，それぞれの薬物への副反応もあることから，いずれも医師の処方せんに基づく薬物である。このほか，ADHDの治療に用いられる薬物には，抗てんかん薬，抗精神病薬，抗うつ薬などが挙げられ，小学校高学年以降の衝動性の高まりに対しては予防的に感情安定薬，激しい興奮に対して抗精神病薬が用いられる場合もある。なお，これらの薬物療法は周囲が問題行動の減少を期待することよりもむしろ，子ども自身が成功経験を得られる機会が確保でき，それにともない自己評価や自尊心の向上につながることが目的であることを理解しておくことが重要である。

アメリカを中心としたADHDへの治療･介入を多角的に検討するための研究プロジェクトの成果が報告されてきている。これはADHDの薬理学的介入と心理社会的介入を評価することを目的としたもので，ADHD以外の障害が併存する場合の対応を含めても効果が高いことが示されている（Prinsteinら, 2019）。

参考文献

高橋三郎（監訳）（2016）『DSM-5セレクションズ　神経発達症群』医学書院.

齊藤万比古（2016）『注意欠如･多動症-ADHD-の診断･治療ガイドライン第4版』じほう.

Prinstein, M.J., Youngstrom, E.A., Mash, E.J., Barkley, R.A.（2019）*Treatment of Disorders in Childhood and Adolescence, Fourth Edition*. Guilford Publications.

（岡崎慎治）

Q 16　学習障害（LD）ってなに？

1．学習障害（LD）の定義

LDという概念と略称は教育と医学の両方の領域で使われている。しかし略される元の用語が異なる。教育界では，文部科学省でも採用されているLearning Disabilitiesという用語を使用してLDと呼ぶ。一方，医学領域ではLearning Disordersという用語をLDと略す。また教育界と医学領域ではLDの定義にも違いがある。

日本では，1999年7月に文部省（現在の文部科学省）が「学習障害児に対する指導について（報告）」の中で，「学習障害とは，基本的には全般的な知的発達に遅れはないが，聞く，話す，読む，書く，計算する又は推論する能力のうち特定のものの習得と使用に著しい困難を示す様々な状態を指すものである。学習障害は，その原因として，中枢神経系に何らかの機能障害があると推定されるが，視覚障害，聴覚障害，知的障害，情緒障害などの障害や，環境的な要因が直接の原因となるものではない。」と定義している。この定義は，1990年にアメリカの全米合同委員会（NJCLD）が出した定義と類似する。

LDは，米国精神医学会のDSM-5では，神経発達症群の中の限局性学習症（Specific Learning Disorder）に該当する。限局性学習症の診断基準を要約すると，「読み，書き，算数に関する6項目の症状のうち少なくとも1つに該当し，その症状が6ヶ月以上続いている状態である。そして，その症状があるために生活上に実際の支障をきたしている。知的障害，視覚障害，聴覚障害，他の精神疾患，環境によってはうまく説明されない。」とある。ICD-10（国際疾病分類第10版）では，「学力の特異的発達障害」にLDは該当する。ここでもLDの症状を読み，書き，算数における障害としている。

教育界と医学領域の定義は，共通して，読み，書き，算数における習得や使用の困難さをLDの症状とする。しかし医学領域の定義では，LDの症状に「聞く」「話す」という音声言語（話しことば）の困難さを含んでいない。教育界では「聞く」「話す」という音声言語の困難さのみでもLDとするという点が医学領域とは異なる。

２．学習障害（LD）の具体的な症状

LDのある子どもが示す学習上の困難さは，個々の子どもで異なる。以下，教育界の定義に沿ってLDの具体的な症状を述べるが，個々の子どもであてはまる特徴は異なる。

（１）「聞く」「話す」の障害

先生が言った指示を理解できない，会話の内容を理解できない，ことばでうまく説明できない，ことばをスムーズに思い出せないなど聞いて理解したりことばで表現したりすることに困難さを示す子どもたちがいる。このような音声言語の理解や表出の困難さが「聞く」「話す」の障害である。この「聞く」「話す」の障害に主に該当するのが，特異的言語障害（specific language impairment：SLI）である。SLIとは，知的障害，聴覚障害，社会性の発達の遅れ，不適切な環境といった言語発達の遅れを引き起こす明らかな要因がないにもかかわらず，言語発達に遅れがある状態をいう。

SLIのある子どもの言語症状に関して共通した見解は得られていない。多くの報告例で，初語や語連鎖の出現の遅れが指摘されている。しかし実際には個々の子どもで言語症状は異なる。SLIのある子どもの多くは，意味を理解できる単語が少ない，少ない語彙で話す，意味は分かるがことばをスムーズに思い出せないなど，語彙力に弱さがある。また受動動詞や使役動詞の産生，格助詞の使用など文法面での困難さを示す子どももいる。言語理解に遅れがみられる子どもの多くは，言語表出にも遅れがある。一方で，言語理解の発達は良好であるが，言語表出のみに遅れを示す子どももいる。学童期になると，「聞く」「話す」という音声言語面だけではなく，「読む」「書く」という文字言語面の理解と表出にも困難さを示すことが多い。例えば，理解できる語彙が少ないために文章を読んで理解すること（読解）が困難になる。また意味は分かっていてもスムーズにことばを思い出せない，どのようにこ

とばで表現していいか分からないなど，ことばで書いて表現すること（作文）も困難である。言語発達の遅れは永続する可能性がある。言語発達に遅れがあるために，抽象的な概念の習得が困難で授業についていけないなど，学業全般に影響し学習面でのつまずきを示すことが多い。また学習面だけではなく，二次的に良好な対人関係の形成や社会性の獲得などにも支障をきたすことがある。

（2）「読む」「書く」の障害

「読む」の障害とは，文字や単語の読み誤りが多い，音読速度が遅い，文章を読んで理解できないなど，音読や読解における困難さである。一方，「書く」の障害とは，文字や単語の書き誤りが多い，文字や単語を思い出すのに時間がかかるなど，書字の困難さをいう。この「読む」「書く」の障害に主に該当するのが，発達性ディスレクシア（発達性読み書き障害）（developmental dyslexia）である。LDのある子どものうち，読み書きが困難な子どもが最も多いことから，発達性ディスレクシアがLDの中核的な症状といわれる。

発達性ディスレクシアとは，知的障害がないにもかかわらず，通常の方法で練習しても文字習得が困難な障害である。発達性ディスレクシア研究会が2016年に提唱した定義によると，発達性ディスレクシアの特徴は，読み書きの正確性や流暢性の困難さである。具体的には，文字や単語の読み誤りが多いという音読の正確性の問題，音読速度が遅いという音読の流暢性の問題，文字や単語の書き誤りが多いという書字の正確性の問題，字の形や単語の綴りを思い出すのに時間がかかるという書字の流暢性の問題を指す。発達性ディスレクシアのある子どもの読み書き症状は様々である。ひらがな，カタカナ，漢字すべてに障害がある子ども，カタカナと漢字に障害がある子ども，漢字にのみ障害がある子ども，音読速度のみが遅い子どもなど，その臨床像は一様でない。また日本語の読み書きに困難さのある子どもは，英語の学習が始まると，英語の読み書きにも困難さを示すことが多い。また日本語の読み書きに明らかな習得の遅れはないにもかかわらず，英語にのみ読み書き障害を示した発達性ディスレクシア例も報告されている。

読み書きに困難さがあるために，黒板にかかれてある内容をノートに書き写すことや教科書や問題集を使った学習，手書きでの作文などが困難になる。また本を読むことを嫌うことで読書機会が少なくなり，二次的に，語彙や知識が十分に増えていかない場合もある。試験では，時間内に問題を解き終わらない，答えが分かっても漢字で解答をかけず点がとれない，問題文を読み間違えるなど，本来の実力が試験の点数に反映されない可能性がある。適切な支援がないと学業全般に支障をきたし，学習に対する諦めの気持ちや，自己肯定感の低下などにつながるおそれがある。

（3）「計算する」「推論する」の障害

「計算する」「推論する」の障害は，主に算数の学習に遅れがみられる状態（算数障害）をいう。「計算する」の障害には，計算だけではなく，数処理や数概念の問題も含まれる。数処理の問題とは，例えば，具体物を数えられない，数を順に唱えられない，数字の読み誤りが多い，数字の書き誤りが多いなどといった数の読み書きにおける困難さをいう。数概念に弱さがあると，桁の概念や大きな数，概数，小数，分数などの非言語数の習得，数字のみで数の合成･分解や加減をする，数直線上の数を読む，数直線上に数を表示することなどが困難になる。計算の問題とは，暗算や筆算の困難さをいう。暗算が困難で計算する時に指を使う様子が長時間観察される，暗算できても時間がかかる，繰り上がりや繰り下がりの計算で誤りが多い，筆算で計算間違いが多いなどである。

算数の領域における「推論する」（数的推論）の障害とは，具体的には文章題を解くことの困難さである。数的推論が困難な子どもの多くは，問題文自体を読解できないのではなく，読解した内容から数量関係を把握することにつまずいている。数量関係が把握できないために，正しく立式できず，文章題を解くことができない。上記の計算と数的推論の困難さの他に，アナログ時計の時刻が読めない，図形問題が困難，長さ，重さ，時間など量の理解が困難，速度，割合などの概念理解が困難なども算数障害の症状に含まれる。

（三盃亜美）

Q 17　言語障害ってなに？

1．小児期の障害

子どもがどのような発達過程を経て大人と同じような母国語の話者になるのか，ということが段々と分かってきた。一方，発達には個人差が大きく影響することから，我が子の発達が順調か，遅れているのか，を判断することは大変難しい。小児の言語障害を，発見される時期に分けて説明したい。

（1）生後早い段階で見つかる障害

「脳性麻痺」や「ダウン症」などの障害は，発達初期の段階で発見され，診断されることが多い。これらの障害があると，言語障害を伴うことが多い。まず，脳性麻痺は障害のタイプや重症度により，言語障害の状態は様々である。例えば，知的能力が高い場合は，言語能力の問題は少なく，運動障害や麻痺の影響による話し方の問題（発話障害）だけが存在することもある。その場合は，明瞭な話し方ができるように支援することが重要である。言語障害と発話障害が両方存在する場合は，両面からアプローチする。彼らの発話障害は食べる機能と関連づけて支援することも重要である。よって，脳性麻痺の言語支援では，摂食指導も重要な位置を占めることになる。次に，生後早い段階で診断されるダウン症などの障害の中には，中度から重度の知的障害を伴うものも多い。特にダウン症は，知的発達が良好な場合でも，言語表出の問題が顕著になりやすい。初語が遅く，２〜３語文で話し始める時期が遅いこともある。さらに，やっと獲得した言語表出が不明瞭で何を伝えたいのか分かりにくい，ということも稀ではない。しかし，言語発達が大きく遅れたダウン症の子どもの中にも文字の学習が順調なケースがみられ，文字を媒介とした発音指導がうまくいく場合がある。言語指導場面では，一般的な言語発達の順序性を基準にして評価することは必須であるが，支援する際には，その子どもの発達の仕方や個別性を前提にした視点が重要になる。

（２）就学前後に見つかる障害

「発達障害」が明らかになる時期は様々である。非常に多くのパターンがあることが想像されるが，就学前後に診断される子どもは一定数存在するだろう。成長した彼らの発達歴を見返すと，初語が遅れていた，発達初期に言語獲得に困難があった，というような記載を多く発見する。こうした言語の問題が小児期に前面に出やすいため，療育の入口が言語指導であったという者も少なくないだろう。上記の理由で，言語障害の専門家は発達障害の疑いがある者と最初に遭遇する可能性が高い。特に自閉スペクトラム症（ASD）の中には，言語障害を伴う者が多いことが分かっている。ASDの子どもは，言われたことをそのままオウム返ししたり，繰り返し同じ質問を何度もしたり，一方的に話している場合もある。「あげる」と「もらう」が逆に使われること，相手の話の微妙なニュアンスが分からず，ことばの意味理解が困難な場合もある。彼らの言語の問題を考える場合は特に，言語障害という側面に加えて，「コミュニケーション障害」という視点を持たなくてはならない。

２．成人期の障害

成人期にみられる言語障害は，脳血管障害など，なんらかの疾患が原因となり発症するものが多い。ここでは，２つの障害について説明する。

（１）失語症

一旦獲得した言語能力を失ってしまうとはどういうことだろう。私たちが普段何も意識せずにできているこの会話ができなくなったら，どういう状況に置かれるのだろう。失語症のある人と関わる場合には，常にこのことを頭に描いておく必要がある。人は脳の中にある「言語中枢」が何らかの原因でダメージを受けると，ことばを聴く･話す･読む･書くことが困難になり，その状態を失語症という。ある日，突然に生じた疾患や事故などの後遺症で，誰しもこのような状態になり得る。しかし，失語症になっても全員が同じように話せなくなるなどの症状が出るわけではない。原因となる疾患が発症した時には存命に関わる経過を辿る場合もあり，脳の障害部位によって，その後に現れる症状のパターンは様々である。失語症の治療効果は，数年以上の長いスパンで見るべきだと言われる。本人は治療の経過で，病前の状態と比較し改善への希望が持てなくなるなど，精神的に苦しむことも想像されよう。周囲が回復を焦らないで見守ることが大切である。

（2）摂食嚥下障害

私たちは，普段なにげなく好きな物を食べたり飲んだりしている。しかし，その機能の仕方を分解してみると，改めて人間の口腔器官などが精緻にできていることがわかる。スムーズな摂食嚥下とは，「目の前にある食物を口でとりこみ，その食塊が喉の奥に送り込まれ，食道に押し込まれること」である。この一連の動作のどこかに問題がある場合，摂食嚥下障害が起こる。この摂食嚥下のプロセスは５段階（先行期，準備期，口腔期，咽頭期，食道期）に分けられる。このプロセスを詳しくみていくと，私たちは一瞬のうちに，食べ物が鼻に入らないよう，気管に入らないように，ほぼ自動的に蓋をする機能を持っていることがわかる。この障害を引き起こす疾患には，脳血管障害，頭頸部腫瘍（頭頸部がん術後）などがあり，その他，廃用症候群（寝たきりなどの安静状態が長期化することによる，心身機能の低下）や認知症等も挙げられる。高齢者の摂食嚥下障害は誤嚥性肺炎（食塊が食道ではなく気道に入りこみ，肺に蓄積することが原因で起こる肺炎）を引き起こす可能性もあり，生命の維持に関わってくるため，現在の医療では非常に重要視され，注目されている。

３．生涯にわたって起こりうる言語障害

ここで取りあげる障害は，生涯にわたり起こりうる障害である。本人が頭の中で組み立てている言語は正常で整っているのにかかわらず，「話し方」に問題が生じる障害である。今回は，主に2種類の障害を紹介する。

（1）構音障害

構音（こうおん）は発音のことであり，言語学的には調音のことである。言語発達と同様に，構音の発達についても，一般的な子どもの獲得順序が概ね明らかになっている。それに照らして考えると，目の前の子どもの構音発達に遅れがあるかどうかということは明らかである。しかし，構音発達についても個体

差というのは当然問題になる。よって，専門家は時期的な遅れに加えて，獲得順序の特異性についても注目している。このように発見される子どもの構音障害を「機能性構音障害」という。主な症状には「省略（はっぱ→あっぱ，のように子音が抜けるなど）」「置換（からす→たらす，のように別の音に置き換わること）」「歪み（正しい音からずれた日本語にはあまり用いられない音で表出されること）」がある。子どもの発音の誤りが発達途上のものであるか，正常発達から逸脱した問題であるのかについての見極めは，実際にはとても難しい。構音障害には，口唇口蓋裂といって先天的に口腔器官に亀裂があることが原因で構音に異常をきたすものもある。大人の場合は，脳血管障害等の罹患後にあらわれる運動性構音障害がある。

（２）吃音

吃音（きつおん）とは「どもること」である。2016年に放送されたドラマ「ラブソング」では主人公の女性に吃音があり，セラピーを受けて吃音を乗り越えながら夢であるシンガーの道を目指す，というストーリーが描かれた。世界中のあらゆる場所で人口の１％は存在するといわれるが，「吃音」の問題が大きく取り上げられるようになったのはごく最近のことである。子どもの吃音は２～５歳で発症することが多い。吃音の言語症状は，「連発（ぼぼぼ，ぼくは……，と言葉の始めを繰り返す）」「伸発（ぼーくは，と言葉の始めを引き伸ばす）」「難発（……ぼくは，と言葉の始めの声が出にくく出すのに時間がかかってしまう）」に分けられる。約80％の子どもの吃音は自然に消失する。幼児のうちに適切な支援を受ければ，症状が消失したり改善したりすることもある。しかし，学齢期以降も持続している場合は，これまでの言葉の問題に「不安」や「恐れ」といった心理的な症状が加わり，複雑な様相を示すようになる。吃音のある学齢期の子どもは，学校にある「ことばの教室」で支援を受けられる。「ことばの教室」の運営は，自治体により多少異なっているが，言語障害のある児童が，支援や指導を受けに行く学級のことである。また，言語障害のある学齢期の子どもは授業での音読や発表に困難を感じている。子どもの困難感ができるだけ少なくなるように，通常学級でも環境調整が行われ，希望する配慮を受けられることが望ましい。　（宮本昌子）

Q 18　知的障害ってなに？

1．知的障害の定義，原因，発症率

（1）定義

知的障害（Intellectual disabilities）の定義は，アメリカ知的･発達障害協会（AAIDD，2009），DSM-5（Diagnostic and Statistical Manual of Mental Disorders，Fifth Edition, 2013）などで示されている。これら各機関で示されている知的障害の定義は，およそ表2-18-1の3つの要素によって定義づけられる。

つまり，知的障害は知的発達だけで規定されるのではなく，適応行動に制約のあることも条件となる。また，25歳など成人期において生じた知的能力の低下は，知的障害には該当しない。

知的機能を測定し知能指数を算出するためには，標準化された知能検査を実施する必要がある。日本では，代表的な知能検査として田中ビネー知能検査Ⅴ（田研出版，2003年）やWISC-Ⅳ（日本文化科学社，2010年）がある。適応行動を測定できる尺度としては，適応行動尺度（日本文化科学社，2014年）やS-M社会生活能力検査第3版（日本文化科学社，2016年）が用いられている。

以上のように，知的障害の判定には心理検査は必須である。心理検査を活用することで，知的障害の程度についても客観的に把握でき，また支援に向けての手がかりを得られる。そして，効果的な支援へとつなげるためには，

表2-18-1　知的障害の定義にかかわる主な3要素

①　知的発達水準が有意に低いこと。標準化された知能検査で測定される知能指数において，およそ70未満であること。
②　生活している文化圏を考慮したうえで，適応行動に制約があること。適応行動の制約についても，標準化された検査によって測定される。
③　発達期，18歳までに発症していること。

心理検査だけではなく，行動観察，家庭環境や地域環境なども踏まえて多面的に知的障害のある児童生徒の実態を明らかにする必要がある。

（2）原因

知的障害の原因は，染色体異常が原因とされるダウン症候群のように，生物学的な要因が大きな影響を及ぼすことがある。AAIDD（2009）では，知的障害の危険因子として，生物医学的（遺伝性疾患や栄養など，生物学的経過に関係する因子），社会的（刺激や大人からの反応など，社会と家族の相互作用に関係する因子），行動的（危険な（有害な）活動や母親の物質乱用など，原因になるかもしれない行動に関係する因子），教育的（知的発達と適応スキルの発達を促進する，教育的支援の利用可能性と関係する因子）の４つを示している。生物学的な要因だけでなく，保護者のかかわりなど多様な要因が相互に影響しあう可能性があることを考慮しなければならない。

（3）発症率

知的障害の発症率は，およそ1%～3%程度の範囲である。令和元年度の障害者白書（内閣府，2020）によると，日本の知的障害者は108万2千人とされ，人口千人あたりでみると9人になると報告されている。さらに，知的障害者の推移をみると，2011年と比較して約34万人増加し，その要因の1つとして，以前に比べ，知的障害に対する認知度が高くなり，療育手帳取得者の増加を指摘（内閣府，2020）している。

近年，全国的に知的障害特別支援学校の児童生徒も増加傾向にあり，特に高等部において，軽度知的障害の生徒が増えている。特別支援学校高等部からの入学生のなかには，特別支援学級だけでなく，通常学級からの入学生もみられる。こうした軽度知的障害のある高校生への支援の在り方は，特別支援学校高等部における新たな課題にもなっている。

（4）療育手帳と判定区分

日本では，療育手帳において知的障害の判定区分が示されている。判定区分は，各自治体によって異なっているが，18歳未満は児童相談所，18歳以上は知的障害者更生相談所が判定する。

2．知的障害の特性と教育

（1）知的障害の特性

知的障害の特性は，全般的な知的発達の遅れがみられ，適応行動に制約があることは共通しているものの，その状態像は様々である。言葉の発達に遅れがみられることが多いが，その程度も異なっている。また，独歩など運動発達も遅れ，不器用さがみられることもある。さらには，視覚認知や聴覚認知，記憶など，様々な面に遅れや偏りがみられる場合もあり，一人ひとりの知的特性を把握していくことが求められる。

知的障害のある児童生徒の学習場面では，実際の生活場面を十分に考慮した体験的な学習を大切にしつつ，学習意欲を育てるためにも成功経験を確保していきたい。そのために，具体的で理解しやすい教材教具の工夫，活動に見通しをもたせる環境設定，課題を細分化し少しずつ取り組ませるスモールステップによる支援などは必須である。また，自ら意思表示を行い主体的な学びへとつなげるためにも，学習場面に限ったことではないが，自己決定の機会を積極的に確保していくことが大切となる。

さらに，活動の見通しを持たせるために，例えば視覚的なスケジュールを提示するとともに，始まりと終わりを明確にし，本人が理解できるような環境設定を構築していくことが求められる。このように，知的障害のある児童生徒に対しては，一人ひとりの実態を丁寧に分析したきめ細かな支援が求められる。

（2）知的障害のある児童生徒の就学

知的障害のある児童生徒は，特別支援学級または特別支援学校に就学する。特別支援学校（知的障害）に就学する幼児児童生徒の障害の程度は，学校教育施行令第22条の3で表2-18-2の通り示されている。また，特別支援学級（知的障害）の就学対象となる障害の程度は，文部科学省初等中等教育局長の通知（25文科初第756号）によって，表2-18-3の通り示されている。

インクルーシブ教育が推進されるなか，通常学級での合理的配慮による学びをどのように実現していくかは，今後の大きな課題といえる。なお，知的障害のある児童生徒は，通級による指導の対象とはなっていない。

表2-18-2　知的障害特別支援学校の対象となる障害の程度と状態像

一　知的発達の遅滞があり，他人との意思疎通が困難で日常生活を営むのに頻繁に援助を必要とする程度のもの 二　知的発達の遅滞の程度が前号に掲げる程度に達しないもののうち，社会生活への適応が著しく困難なもの

表2-18-3　知的障害特別支援学級の対象となる障害の程度と状態像

知的発達の遅滞があり，他人との意思疎通に軽度の困難があり日常生活を営むのに一部援助が必要で，社会生活への適応が困難である程度のもの

参考文献

American Association on Intellectual and Developmental Disabilities（2009）*Intellectual Disabilities: Definition, classification, and systems of supports*-11th ed. American Association on Intellectual and Developmental Disabilities. Washington, DC.

太田俊己・金子健・原　仁・湯汲英史・沼田千妤子（共訳）（2012）『知的障害定義，分類および支援体系』日本発達障害福祉連盟．

American Psychiatric Association（2013）*Diagnostic and Statistical Manual of Mental Disorders, Fifth Edition*, 日本精神神経学会（監修）（2014），高橋三郎・大野裕（監訳），医学書院．

内閣府「令和元年版　障害者白書」，https://www8.cao.go.jp/shougai/whitepaper/r01hakusho/zenbun/index-pdf.html（2020年3月17日閲覧）．

文部科学省「３．特別支援教育に関する学習指導要領等」，https://www.mext.go.jp/a_menu/shotou/tokubetu/005.htm（2020年3月17日閲覧）．

文部科学省（2018）「特別支援学校学習指導要領解説　各教科等編（小学部・中学部）」．

（小島道生）

Q 19　視覚障害ってなに？

1．視覚障害とは

視覚障害とは，見えにくいあるいは見えない状態が何らかの原因で生じ，それが将来にわたって続く状態である。そして，その視覚の状態に対する社会的障壁によって日常生活や社会生活に制限を受けている子どもが，視覚障害児ということになる。視覚障害児の中には，目を近づけて文庫本を読む子どもから拡大補助具を利用して読む子ども，点字で触って読む子どもや音声で聞いて読む子どももいる。また，外界の様子が大まかに見えている子どもやぼんやりと人が移動している様子を把握できる子どももいれば，明暗については認識できる子どもや全く視覚を使用しない子どももいる。このように，ひとくちに視覚障害児といってもその状態像は様々である。

視覚障害の状態を表す言葉として，「盲」と「弱視」という言葉がよく用いられる。これらの違いは「見えない」と「見えにくい」の違いとされることが多いが，その境目は明確に定められているわけではない。教育方法や学習手段の違いに基づき，主に触覚や聴覚などの視覚以外の感覚を活用し，点字等を使って学ぶ子どもに対して「盲児」，主に視覚を活用して学ぶ子どもに対して「弱視児」という言葉を用いることが多い。なお，医学分野では「弱視」という用語は特定の状態像に対して用いられるため，混同を避けるために「ロービジョン（low vision）」という用語が用いられることもある。

2．視覚障害児の発達

（1）発達に影響する要因

晴眼児（視覚に困難のない児）と視覚障害児で基本的な発達特性に違いはないと考えられる。しかし，視覚障害から引き起こされる発達に影響する要因として，以下の４つの事項（情報入手の制限，行動の制限，模倣の困難，視覚障害児に対する態度）が指摘されている（五十嵐:参考文献参照）。

- 情報入手の制限：視覚（目）からは自然と外界の視覚情報が入ってくる。例えば，スーパーの野菜コーナーに行くと，野菜には色々な種類があるという情報が視覚を通して入ってくる。視覚障害があると，そうした情報が自然には入ってこない。
- 行動の制限：視覚や聴覚等の感覚からの情報は，人間の行動を促す。例えば，子どもは親の姿を見つけたり声が聞こえたりすると，そこに向かって歩いたり指さしたりする行動を起こす。視覚障害がある場合には，視覚情報に反応して行動を起こすことが難しくなる。
- 模倣の困難：子どもは周囲の人々の動作を見て真似しながら様々な動作を獲得していく。それは日常生活動作から運動，礼儀作法など随所で生じる。視覚障害がある場合にはそれが難しい。
- 視覚障害児に対する態度：保護者が「この子は見えないからできない」と思って接する場合と，「見えなくてもできる環境を考えよう」と思って接する場合では，後者の方が望ましい発達が期待できる。このように視覚障害児の周囲の人たちの態度（内面の意識も含む）が否定的であると，適切な発達が促されなくなってしまう。

（２）発達の特性を踏まえた関わり

こうした要因は，視覚障害児の発達に次のような影響を及ぼす可能性がある。身体発達では，外部の刺激から行動が引き起こされにくいこと，他の人の真似をして運動することや全力で運動することが難しいことなどから，運動の量的･質的な不足が生じる。また，言語の発達については，耳からの音声情報は豊富に入って来るが，それに視覚情報が伴わないため，具体的な事物やイメージと結びついた理解が難しくなる。さらに，大きさが違っても丸い形のものは丸であることに気づくといった，様々な概念の獲得につながる基礎的な事項を，視覚から自然と獲得することが難しくなる。

そこで，適切な発達を促すために，発達に影響する要因を意識して関わることが大切になる。例えば，視覚情報の強調や視覚以外の感覚を用いて周囲に関心を持たせたり，声かけや手引きしながら共に歩くことや安全な環境を用意することで行動･運動を促したり，言葉と合わせて実物を触ったり体験したりすることでイメージの獲得を図ったり，様々な形，大きさ，材質等の異なる多くのものを積極的に触らせたり体験させたりすることで適切な概念の獲得を狙ったりするといったことが考えられる。

3．見えにくさの理解

（1）弱視児の見え方の多様性

視覚障害児の見え方，見えにくさを把握することは教育や支援の基礎情報として大切である。弱視児の見えにくさの多様性について，次の①から⑥の状態で説明することがある（香川：参考文献参照）。

① ピンボケ状態：カメラのピントが合っていない状態。ぼやけて見える。

② 混濁状態：すりガラスを通して見ているような状態。

③ 暗幕不良状態：目に入って来る光が強く感じられてまぶしい状態。

④ 光源不足状態：明るさが足りなくてはっきり見えづらい状態。

⑤ 振とう状態：眼球が不随意に揺れ動く状態。

⑥ 視野の制限：見える範囲が限られている，中心が見えないといった状態。

（2）視機能の理解

多様な見えにくさは，様々な視機能が低下することによって生じる。ここでは，視覚障害の理解に必要ないくつかの視機能について簡単に述べる。

視力：視力は，どれくらい細かいものまで見えるのかを表したものである。視覚障害児のための特別支援学校の対象は，視力が「おおむね0.3未満」とされているが，これは視力1.0の人が見える視力検査の最小の視標を，約3.3倍に拡大してようやく見ることができる程度の見え方である。また，視力0.01では100倍に拡大することで見ることができる。なお視力の値は，見ている物体の目からの角度（視角）に基づき，次の式から算出される。

［視力＝1/視角（分）］　分は角度の単位で，1分は1/60度。

視野：視野とは左右それぞれの目が見えている範囲を意味する。視野に見えない部分がある場合，その部分を暗点と言い，特に中心部が見えない状態を中心暗点と言う。また視野が狭い状態を視野狭窄と言う。暗点の位置や大きさ，視野狭窄の程度によって見え方は異なり，生活への影響の及ぼし方も変わってくる。例えば，視野が狭いことは歩行に及ぼす影響が大きく，中心暗点があることは読書（文字の認識）に及ぼす影響が大きい。

コントラスト感度：コントラスト感度とは，どれくらい白黒の違いがなくてもその違いを認識できるかを意味する。視覚障害児では，晴眼児が認識するのに支障がない程度の明るさの低下で読みづらくなったり，薄い色によって表現された図を読み取ることに困難が生じたりする。また，明るさに敏感で眩しさを感じやすいこともある。

4．視覚障害児の学びへの対応

視覚障害児の教育を考える上では，発達の特性を踏まえるとともに，視覚障害による困難の低減･解消を目指し，「できる･学べる環境，道具，指導等とはどういうものか」を考え，関わることが求められる。そのため，見えにくければ拡大等によって視覚を活用した学びを，見えなければ聴覚と触覚を活用した学びを実現できるよう，その子の視覚障害の状態･程度に応じた配慮や工夫に基づいた教育を行う。また，教科学習以外の，補助具や機器の活用，生活動作，歩行といった将来を見据えた自立活動の指導も必要である。

参考文献

青柳まゆみ･鳥山由子編著（2020）『新･視覚障害教育入門』ジアース教育新社.

五十嵐信敬（1993）『視覚障害幼児の発達と指導』コレール社.

猪平眞理編著（2018）『視覚に障害のある乳幼児の育ちを支える』慶應義塾大学出版会.

香川邦生編著（2016）『五訂版　視覚障害教育に携わる方のために』慶應義塾大学出版会.

全国盲学校長会編著（2018）『新訂版 視覚障害教育入門Q&A』ジアース教育新社.

（永井伸幸）

Q 20　聴覚障害ってなに？

1．耳の構造と機能

ヒトは耳をとおして入力された情報をもとに，周囲の状況を把握したり，音声を理解したりする。耳の構造は，外側から外耳，中耳，内耳，後迷路という部位に大別される（図2-20-1)。これらのうち，外耳と中耳は音の情報が振動として伝えられる部位であり，伝音系とよばれる。一方，内耳と後迷路は音の情報が電気信号として伝えられる部位であり，感音系とよばれる。

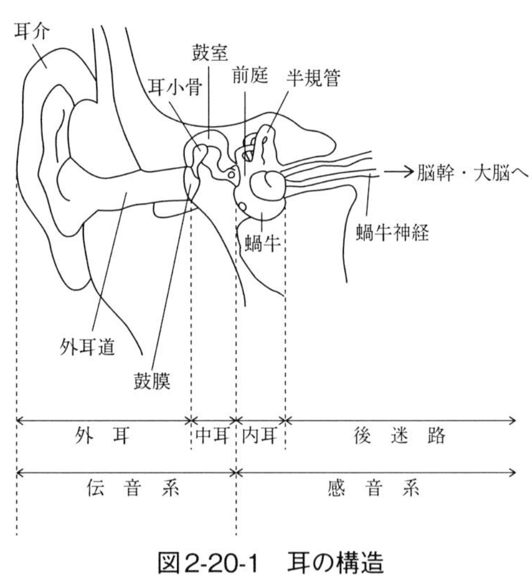

図2-20-1　耳の構造

2．聴覚障害の原因や特徴

聴覚障害とは，病気やけが，老化，薬の副作用，ストレスなどが原因となり，音が通常よりも小さく聞こえたり（難聴)，音の大きさの感覚変化が通常よりも急激になったり（リクルートメント現象)，音が不明瞭に聞こえたりする状態をいう。聴覚障害はあらゆるライフステージで生じる可能性があり，その程度もさまざまである。ここでは，主として難聴について述べる。

（1）難聴のタイプと特徴

伝音系に原因がある難聴を伝音難聴，感音系に原因がある難聴を感音難聴，両者が併存する場合を混合難聴という。

伝音難聴は，先天性の形態異常や慢性中耳炎などによって生じることが多いが，手術などによって聞こえが改善することもある。補聴器を装用することで，聞こえが補償される事例も多い。

感音難聴の原因は，先天性の形態異常や炎症，腫瘍，合併症，ウイルス感染，薬剤の副作用，騒音，老化など多岐にわたる。感音難聴では，音の存在に気づくことはできても，それが何の音かを判別することが難しくなる。そのため，補聴器を装用しても，聞こえの不明瞭さが改善されないことがある。感音難聴のうち，内耳に原因があるものを内耳性難聴といい，後迷路に原因があるものを後迷路性難聴という。内耳性難聴は両耳に生じることが多く，難聴に加えてリクルートメント現象もみられることがある。後迷路性難聴は片耳に生じることが多く，とくに音声の聞き取りが困難になる傾向がある。

（2）難聴の程度

難聴の程度は，聴力閾値（いきち）レベル（音が聞こえ始める最小の強さ）の測定をもとに，dBHLという単位で表される。この数値が大きくなると，音はより聞こえにくくなる。難聴の段階的分類は，平均聴力閾値レベル（500～2,000Hz

表2-20-1　身体障害者福祉法における聴覚障害の等級

等級	状態
2級	両耳の聴力レベルがそれぞれ100デシベル以上のもの（両耳全ろう）
3級	両耳の聴力レベルが90デシベル以上のもの（耳介に接しなければ大声語を理解し得ないもの）
4級	1．両耳の聴力レベルが80デシベル以上のもの（耳介に接しなければ話声語を理解し得ないもの）
	2．両耳による普通話声の最良の語音明瞭度が50％以下のもの
6級	1．両耳の聴力レベルが70デシベル以上のもの（40cm以上の距離で発声された会話語を理解し得ないもの）
	2．一側耳90デシベル以上，他側耳50デシベル以上のもの

の検査音に対する聴力閾値レベルから算出した値）をもとになされる。

わが国では，身体障害者福祉法のなかで聴覚障害の等級に関する基準が定められている（表2-20-1）。認定される等級の数値によって，提供される福祉サービスの内容や量が変わる。このほか，独自の基準を定め，聴覚障害者にむけた福祉サービスを提供している自治体もある。

3．聴覚障害から生じる学習上・生活上の課題

幼い時期から耳をとおした情報の入力に制限を受け続けると，心身の発達に課題がみられることが少なくない。ここでは，聴覚障害から生じる学習上・生活上の課題について述べる。

（1）環境の把握や概念の形成

聞こえにくさを補う装置（補聴器や人工内耳）の装用開始時期が遅れ，耳を介して情報を得る経験が乏しくなると，音源定位（音の発信源を特定する行為）や音を手がかりとした周囲の環境把握が難しくなる。結果的に，周囲の人からの呼びかけに気づかなかったり，後方から迫る自動車の存在に気づかず事故に遭遇したり，災害時のアナウンスに気づかず避難が遅れるなどといった不利益を被る可能性が高くなる。ほかにも，サイレン音を聞いて緊急車両の種類を類推したり，会話中の声量や抑揚などから相手の心理状態を類推したりすることも難しくなる可能性がある。

（2）コミュニケーションや人間関係の構築，社会性の発達

聞こえる保護者のもとに聴覚障害のある子どもが生まれると，両者の間で親子関係を築くまでに時間を要することがある。その理由として，①子どもに聴覚障害があるという現実を受け入れた上で，保護者が子育てに臨めるようになるまでに少なからず時間を要すること，②聞こえる保護者にとって，わが子が置かれている「聞こえにくい」世界を想像することは容易でないこと，③手話や指文字が未習得の時期は，双方の間で親子関係を築くためのやりとりが成立しづらいことなどがあげられる。

子どもの生活範囲が地域や学校にまで広がると，コミュニケーションをとる相手も多様化し，求められるコミュニケーションの質と量も高まってい

く。周囲の人々の聴覚障害に対する理解が十分でなく，コミュニケーション上の配慮が得られない状況が続くと，聴覚障害のある子どもはコミュニケーションをとることに過度の心理的負担を感じ，コミュニケーションを回避しようとするようになる。周囲とのコミュニケーションが乏しくなると，人間関係を構築したり修復したりする経験も少なくなり，結果的に集団生活を送る上で必要となる社会性の発達がはばまれることもある。

（3）日本語の読み書きや教科学習

聞こえる子どもは，幼児期の「聞く」「話す」といった経験をとおして，日常生活レベルの日本語（生活言語）をほぼ自然に習得する。そして，就学期以降は，「聞く」「話す」に加えて「読む」「書く」といった活動を経ながら，とくに教科学習の場面で使用される日本語（学習言語）を習得していく。

しかし，聴覚障害があることで，幼児期に「聞く」「話す」といった経験を十分に蓄積できないでいると，生活言語の習得が難しくなるのはもちろんのこと，「読む」「書く」といった活動を経て学習言語を習得することも困難になる。聴覚障害のある児童生徒の読み書きについては，①文字レベル（視覚情報に依存した読み方，清音と濁音の混同，音訓の誤り，自身の聞こえや発音に依存した書き方など），②単語レベル（語彙の乏しさや偏り，抽象性の高い語や比喩表現，擬音語･擬態語の理解困難など），③文レベル（助詞の誤用や脱落，活用の誤り，自動詞と他動詞の混同，受け身文や使役文，やりもらい文，複文における動作主と被動作主の理解困難など），④文章レベル（指示代名詞や連体詞が指す内容の理解困難，文脈の理解困難，類推や要約の困難など）といったさまざまな段階でのつまずきや特徴が指摘されている。

日本語の読み書きの力は教科学習の基礎であるため，上述したようなつまずきは教科学習において阻害要因となる。例えば，国語科における情景描写や登場人物の心情理解，算数科における文章題の内容を踏まえた立式，社会科における抽象的な専門用語の理解，理科における実験レポートの作成などといった場面で，読み書きのつまずきが顕在化することが指摘されている。このようなことが積み重なって，結果的に学力が伸び悩む聴覚障害児童生徒も少なくない。

（林田真志）

Q 21　肢体不自由ってなに？

1．肢体不自由とは

肢体不自由とは，先天的か後天的かを問わず，四肢の麻痺や欠損，あるいは体幹の機能障害があり，日常の動作や姿勢の維持に不自由のあること，すなわち書写，食事，衣服の着脱，用便，移動など，日常生活や学習上の運動・動作の全部又は一部に困難がある状態を言う。

本書では，肢体不自由教育の対象を選定する際の基準となる「学校教育法施行令第22条の3」と「平成25年10月4日付け文部科学省初等中等教育局長通知」をもとに，特別支援学校，特別支援学級，そして通級による指導を受ける対象となる障害の程度について紹介する。

・特別支援学校の対象となる障害の程度は，学校教育法施行令第22条の3によると，「肢体不自由の状態が補装具によつても歩行，筆記等日常生活における基本的な動作が不可能又は困難な程度のもの」（第一号）および「肢体不自由の状態が前号に掲げる程度に達しないもののうち，常時の医学的観察指導を必要とする程度のもの」（第二号）とされている。
・特別支援学級の対象となる障害の程度は，平成25年10月4日付け25文科初第756号初等中等教育局長通知によると，「補装具によっても歩行や筆記等日常生活における基本的な動作に軽度の困難がある程度のもの」とされている。
・通級による指導の対象となる障害の程度は，平成25年10月4日付け25文科初第756号初等中等教育局長通知によると，「肢体不自由の程度が，通常の学級での学習におおむね参加でき，一部特別な指導を必要とする程度のもの」とされている。

これらの規定を照らし合わせて見ると，肢体不自由教育の対象となる障害の程度は，「特別支援学校」が最も重く，次いで「特別支援学級」，「通級による指導（通常の学級）」であるといえよう。しかしながら，実際に肢体不自由児の就学を検討する際には，保護者の考えや思いなどを十分に考慮して決定することが求められるため，特別支援学校の対象となる障害の程度であっても，必要に応じて通常の学級や特別支援学級に就学することが可能である点に留意する必要がある。

2．肢体不自由の起因疾患

起因疾患別に見ると，肢体不自由教育の対象として最も多いのは「脳性まひ」をはじめとする脳性疾患であり，次いで筋原性疾患，脊椎･脊髄疾患，骨関節疾患，骨系統疾患などである。近年，医学･医療技術の進歩と社会認識の変化などにともない，脳性疾患に起因する肢体不自由児（主に，重度･重複障害児）の割合が相対的に増加しており，今後もその傾向は続くと考えられる。起因疾患別の代表的なものとしては，脳性疾患（脳性まひ，脳外性後遺症，脳水腫など），筋原性疾患（筋ジストロフィー，代謝性筋疾患など），脊椎･脊髄疾患（脊柱側弯症，二分脊椎，脊髄損傷など），骨関節疾患（先天性股関節脱臼，先天性内反足，ペルテス病など），骨系統疾患（骨形成不全症，胎児性軟骨異栄養症，モルキオ病など），代謝性疾患（くる病，ハーラー症候群，マルファン症候群など），弛緩性まひ（ポリオ，分娩まひなど），四肢の変形（上肢･下肢ディスメリー，上肢･下肢切断など）が挙げられる。

3．肢体不自由児によく見られる代表的な疾患

（1）脳性まひ

脳性疾患のなかで最も大きな割合を占めるものは脳性まひである。脳性まひとは，受胎から新生児期（生後4週間以内）までの間に生じた脳の非進行性病変に基づく，永続的な，しかし変化しうる運動および姿勢の異常を言う。発生頻度は，出生児10,000名のうち15～20名となっている。脳性まひに起因する肢体不自由児は，運動障害のほかに，知的障害，言語障害，視覚障害，聴覚障害，てんかんなどをあわせもつ場合が多い。

脳性まひの運動障害によるタイプは，痙直型，アテトーゼ型，失調型，混合型といった4つに大きく分類される。

痙直型は，脳性まひのなかで発生頻度が最も高いタイプである。つねに筋

緊張が高い状態にあり，そのため自分の思うように体を動かすことがむずかしいのが特徴である。脳室周囲白質軟化症（periventricular leukomalacia: PVL）が，このタイプで多く見られる。PVLによる痙直型の脳性まひでは，視覚認知の問題（視力に問題がないにもかかわらず，見たものへの認知や認識がうまくできないこと）をともなう場合が少なくない。これは，視力に問題がないため，周りに看過されやすい特性の1つである。

アテトーゼ型は，筋の緊張が安定せず変動し，姿勢が崩れやすく，顔面や四肢の筋肉において不随意運動，すなわち動かそうとしていないのに勝手に動いてしまうような，自分の意思に反する異常運動が生じるのが特徴である。不随意運動は目的のある動作をしようとするときや，精神的に緊張しているときに，より強くなる。アテトーゼ型の指導および支援を行う際には，とくに不随意運動に注意する必要がある。筋そのものは正常である。

失調型は，筋緊張を一定にたもてず，体をこきざみに震わせる状態で，姿勢保持，平衡感覚，協応動作等のための筋活動のコントロールがうまくできないのが特徴である。そのため，歩行開始時期が著しく遅れ，10歳過ぎまで初歩が見られない場合も少なくないといえる。

混合型は，痙直型，アテトーゼ型，失調型のうち，2つ以上の特性をあわせもつことである。痙直型とアテトーゼ型がまじるタイプが多く，痙直型の次に発生の頻度が多い。現在，児童生徒の障害の重度･重複化にともない，混合型の割合が相対的に増加する傾向にあるため，今後の肢体不自由教育においては，脳性まひのタイプよりも，筋緊張と不随意運動の障害特性に注目することが重要である。

（2）筋ジストロフィー

筋原性疾患のなかで最も大きな割合を占めるのは筋ジストロフィーである。これは，手足をはじめとする体を動かす筋肉が徐々に壊れて，思うように体を動かすことができなくなる疾患である。発生頻度は，出生児10,000名のうち2名程度と推定されており，主に男の子に発症する。疾患の種類は，デュシャンヌ型，ベッカー型，福山型などが挙げられるが，その大半がデュシャンヌ型である。デュシャンヌ型は，X染色体性の劣勢遺伝が発症原因であり，2～5歳頃から歩き方がおかしい，転びやすいなどの症状で発症が確認されることが多い。10歳前後で車いす生活となる場合が多く，20歳前後で心不全･呼吸不全のため死亡するといわれていたが，最近では人工呼吸法など医療技術の進歩により，5年から10年は生命予後が延びている。

（3）二分脊椎

脊椎･脊髄疾患のなかで最も多いのは二分脊椎である。これは，神経が入っている背骨のトンネル（脊柱管）に先天的な形成不全が発生し，本来ならば，脊柱管の中にあるべき神経の一部が外に出ている状態を言う。それにより，神経の癒着や損傷が生じ，さまざまな神経の障害が見られる。発生頻度は，出生児10,000名のうち5～6名である。症状については，肢体不自由教育の主な対象である顕在性二分脊椎を説明する。二分脊椎は，腰椎や仙椎に生じる場合が多く，その発生部位から下の運動と感覚の機能が麻痺し，運動障害や感覚障害，そして膀胱直腸障害（排尿障害や大便失禁）が見られる。さらに，顕在性二分脊椎症ではキアリ奇形（中枢神経奇形）がよく見られ，呼吸障害，嚥下障害，水頭症をともなう場合が少なくない。水頭症を合併すると，てんかんや知能障害などをともなう可能性が高い。

（4）骨形成不全症

骨形成不全症は，骨がもろく弱いため骨折をしやすくなり，骨の変形をともなう先天性の骨系統疾患の1つである。発生頻度は，出生児10,000名のうち0.5名程度である。骨の外側の固いところのコラーゲン繊維を正常に作ることができないという疾患である。全身の骨が弱く，ごく軽い外傷により簡単に骨折をしてしまうため，いつ骨折したのか，その原因がわからない場合が多い。症状としては，四肢変形，脊椎側弯，青色強膜，難聴，歯の異常，心臓弁の異常などが挙げられる。また，年齢の増加にともない，骨の痛み，脊柱の変形による呼吸機能障害，心臓の弁の異常による心不全などが生じることも多い。骨折回数は，乳児期，歩行の不安定な2～3歳，運動量が増加する小学生低学年が相対的に多く，思春期以降になると減少する。

参考文献

小林秀之･米田宏樹･安藤隆男編著（2018）『特別支援教育――共生社会の実現に向けて』ミネルヴァ書房．

（任　龍在）

Q 22　病弱・身体虚弱ってなに？

1．「病弱」,「身体虚弱」　～用語の考え方～

「病弱」,「身体虚弱」という用語は，主として慢性疾患等に罹患し，医療または何らかの生活上の規制や管理を継続的に必要とする児童・生徒を指す。しかし，特に「身体虚弱」の判断は医学的な診断や治療行為が現在進行形で行われていることは必ずしも必要ではなく，他の児童・生徒と同じ教育課程の遂行が困難と思われる教育的判断が出発点となる場合も多い。以下に「病弱」,「身体虚弱」とされる児童・生徒が教育を受ける場所として想定される，病弱特別支援学校，病弱・身体虚弱特別支援学級，通級による指導（病弱・身体虚弱）ごとの「病弱」,「身体虚弱」の規定や考え方を述べる。

（1）病弱特別支援学校

学校教育法第72条では，特別支援学校における対象者を規定しており，その障害の程度は学校教育法施行令第22条の３において示されている。それによると，病弱特別支援学校において教育を行う対象となる病弱者は「慢性の呼吸器疾患，腎臓疾患及び神経疾患，悪性新生物その他の疾患の状態が継続して医療又は生活規制を必要とする程度のもの」（第一号）および「身体虚弱の状態が継続して生活規制を必要とする程度のもの」（第二号）とされている。すなわち，第一号で言う「病弱」とは慢性疾患などにより医師により継続的に治療行為を受けていたり，その疾患により日常の生活上の制限等が必要なものを指す。日常生活上の制限等には水分摂取，食事摂取，運動強度や量，易感染への対策，紫外線曝露制限などが挙げられる。また，第二号の「身体虚弱」は，医師による具体的な診断や加療が現在進行形で行われていなくても，第一号に準じた生活面での規制・管理が学校教育上必要な者を指す。

（2）病弱・身体虚弱特別支援学級

病弱・身体虚弱特別支援学級に在籍する障害の程度は，「慢性の呼吸器疾患その他の疾患の状態が持続的又は間欠的に医療又は生活の管理を必要とする程度のもの」（第一号）および「身体虚弱の状態が持続的に生活の管理を必要とする程度のもの」（第二号）とされる（2013年10月４日付け25文科初第756号初等中等教育局長通知）。第一号は病気のために医師の診断のもと，持続的また間欠的に医療又は生活の管理が必要な場合であり，第二号は身体虚弱の状態で，特別支援学校に在籍するほどではないが，通常の授業の中で，一部分において安全面や健康面に配慮が必要とされる場合などが含まれる。

ところで病弱･身体虚弱特別支援学級には入院中の児童･生徒のために病院内に設けられたものと，病弱や身体虚弱のために小中学校内に設けられたものの２種類があり，また前者（いわゆる院内学級）も，特別支援学校（病弱）の分校，分教室，小中学校の分校，分教室など様々な形態がある。当然，病院内の学級には入院治療中の者が在籍し，小児がんなどをはじめとし，重症度の高い者なども含まれ，個別に多くの配慮が求められる場合が多い。

（３）通級による指導（病弱･身体虚弱）

通級による指導（病弱･身体虚弱）の対象となる障害の程度として，「病弱又は身体虚弱の程度が，通常の学級での学習におおむね参加でき，一部特別な指導を必要とする程度のもの」とされる（2013年10月４日付け25文科初第756号初等中等教育局長通知）。具体的には病気がほぼ回復し，通常の学級において教育をうけるものの，健康面の回復や心理的支援，これまでの学習空白に対する補習などの特別な支援が必要な者が想定される。

２．「病弱」，「身体虚弱」児童・生徒に対する教育の歴史

明治から大正，昭和初期と，学齢期の小児における健康上の大きな問題は栄養失調や結核をはじめとする多くの感染症であった。それらは1960年台中頃になってようやく，経済成長に伴う衛生環境や栄養状態の改善，抗生物質の普及等に代表される医療の進歩に伴い大きく減少した。1960年代後半頃からはリウマチ熱（心疾患）や腎疾患（ネフローゼ等），気管支喘息等が相対的に増加し，またこの頃から肥満や起立性調節障害などの従来無かった健康問題や，重症心奇形児や進行性筋ジストロフィー症などの生命予後不良

な児童･生徒の教育問題なども議論されるようになった。1979年度の養護学校義務化を経て，昭和後期から平成に入り，発達障害，精神障害も含めた心身症等行動障害の児童･生徒が徐々に増加し，現在は治療法の進歩が著しい小児がん等や医療的ケアが必要とされる重症児も含め，多様なニーズがある児童･生徒が病弱教育の対象となっている。

3．「病弱」,「身体虚弱」児童・生徒に対する教育の課題

「病弱」の児童･生徒は医学的な診断や治療が先行する場合がほとんどであるが,「身体虚弱」の判断は主として学校における修学困難な状況が先行する場合も多い。今日，発達途上の小児に対する生活規制を可能な限り避けることは，人格形成や発達の側面から医学･教育の分野で強く推奨される様になった。今日「病弱」,「身体虚弱」の児童･生徒における「生活規制」で重要なのは外部からの制限ではなく，自発的に管理する能力（セルフコントロール）とされている。

近年の課題として，小児がん拠点病院に伴う小児がん患児に対する教育体制の充実，小･中学校で不適応を引き起こし病弱教育の対象となる発達障害への対応，アレルギーをはじめ，通常の小･中学校に在籍している「病弱」,

表2-22-1　病弱教育の対象者における障害の程度

<table>
<tr><th></th><th></th><th>障害の程度</th></tr>
<tr><td>病弱者</td><td>特別支援学校</td><td>一．慢性の呼吸器疾患，腎臓疾患及び神経疾患，悪性新生物その他の疾患の状態が継続して医療又は生活規制を必要とする程度のもの
二．身体虚弱の状態が継続して生活規制を必要とする程度のもの</td></tr>
<tr><td rowspan="2">病弱・身体虚弱者</td><td>特別支援学級</td><td>一．慢性の呼吸器疾患その他疾患の状態が持続的又は間欠的に医療又は生活の管理を必要とする程度のもの
二．身体虚弱の状態が持続的に生活の管理を必要とする程度のもの</td></tr>
<tr><td>通級</td><td>病弱又は身体虚弱の程度が，通常の学級での学習におおむね参加でき，一部特別な指導を必要とする程度のもの</td></tr>
</table>

（学校教育法施行令第22条の３及び2013年10月４日付け25文科初第756号初等中等教育局長通知より執筆者作成）

「虚弱」のある児童･生徒への対応，高校（以降）の病弱生徒への対応等が挙げられている。また，新型コロナウイルス感染症のパンデミックは今後，病弱教育でのICTツールを活用したオンライン教育の導入を加速させる大きな要因となると思われる。

（竹田一則）

Q 23　重度・重複障害ってなに？

1．重度・重複障害とは

重度・重複障害という用語は医学的診断名ではなく，「障害が重なっている」ことと「障害の程度が重い」ことが合成されたものである。まずは，これらの事項について整理をしておきたい。

「重複障害」とは，学校教育法施行令第22条の3に規定されている障害（視覚障害・聴覚障害・知的障害・肢体不自由・病弱）の２つ以上を併せ有することを指す。これに加えて，発達的側面からみて「知的発達が著しく，ほとんど言語をもたず，自他の意思の交換及び環境への適応が著しく困難であって,日常生活において常時介護を必要とする程度」，行動的側面からみて，「破壊的行動，多動傾向，異常な習慣，自傷行為，自閉症その他の問題行動が著しく，常時介護を必要とする程度」（特殊教育の改善に関する調査研究会「重度・重複障害児に対する学校教育の在り方について」,1975年より抜粋）に該当する場合，学校教育行政では「重度・重複障害」という呼称が用いられることが多い。なお，厚生行政においても上記に類似の状態像を示す場合に重複障害や重症心身障害といった用語が使用されるが，紙幅の都合から本稿では，学校教育行政上の定義を踏まえて解説を進めることとする。

2．重度・重複障害のある児童生徒の実態

我が国では少子化が進む一方で，特別支援学校在籍者数が増加傾向にある。これに加えて，在籍する児童生徒の障害の状態は，重度・重複化，多様化していることが報告されている。文部科学省が毎年発表している特別支援教育資料を参考にすると，平成29年度の統計では，特別支援学校（肢体不自由）の小・中・高等部に在籍する児童生徒の82.3％が重複障害学級に在籍している。これらの児童生徒の実態として，「肢体不自由があり，その状態は日常生活を営む上で困難があること」に加えて「知的障害があり，言語を介

して他者とやりとりをすることや物事の理解に困難さがあること」さらには「見えない」「聞こえない」「病気（合併症など）がある」等が重なりあっている者が一定数を占めることが推測される。この背景には，近年の医療技術の飛躍的な向上に伴い，かつては救命することが困難であった新生児の命を守ることができるようになったことや先天性の遺伝子疾患により長く生きることが難しかった子どもたちに対して，後に述べる「医療的ケア」によって日常生活の中で支援していく体制が整備されてきたことがある。また，その他の重度･重複障害者としては，視覚障害と聴覚障害を併せ有する者，つまり「盲ろう者」をあげることができる。歴史上の著名な人物として，ヘレン・ケラーを思い浮かべる人が多いと思われるが，厚生労働省が平成24年に実施した調査では，我が国には，少なくとも1万4千人の盲ろう者が存在することが分かっている。彼らの実態として，光と音の入手が困難な状態下で自分を取り囲む世界がどのようなものであるかを認識することができず，他者とのコミュニケーションや日常生活に大きな困難さを抱えている者が多い。

ここで挙げた例は重度･重複障害者の実態のごく一部であり，実際には，一人ひとりが有する障害の組み合わせや程度によって幅広い実態差があると言える。それは同時に，彼らが多様な教育的ニーズを抱えた学習者であることを意味するのである。

3．医療的ケアを必要とする子どもたちについて

重度･重複障害のある子どもたちの中には，自力で痰（たん）を排出することが困難な者や口から食事を摂取することが難しい為に経管栄養を必要とする者が少なくない。排痰や食事は，いずれも健康な日常生活を送る上で極めて重要な行為であり，自力での遂行が不可能な者については，痰の吸引や流動食の注入といった他者からの「生活援助」が必要となる。この際，注意しなければならないのは，上記の援助行為が「医療行為」に該当することである。我が国では，30年以上前から，医療行為と生活援助行為の境目について議論が繰り返されてきた。その中で生まれた用語が「医療的ケア」（厳密には医療行為に該当するが，日常生活に必要とされる医療的な生活援助行為）であ

る。文部科学省による「平成29年度特別支援学校等の医療的ケアに関する調査結果について」によれば，全国の公立特別支援学校において，日常的に医療的ケアが必要な幼児児童生徒は8,218名であり，全在籍者に対する割合は6.0%であることが報告されている。この現状に対して，学校に看護師を配置し，医療的ケアを安全に実施するといった取り組みがなされている。これに加えて，平成24年に社会福祉法及び介護福祉士法の一部が改正されたことに伴い，看護師等の免許を有しない者も，医行為のうち，痰の吸引等の5つの特定行為に限り，研修を修了し，都道府県知事に認定された場合には，「認定特定行為業務従事者」として，一定の条件の下で“制度上は”実施できることとなった。学校教育現場において，教員が従事するか否かについては，各都道府県の教育委員会が判断しているため，地域によって実情が異なることにくれぐれも留意して欲しい。

平成31年3月に文部科学省より通知された「学校における医療的ケアの今後の対応について」において，「現在，学校に在籍する医療的ケア児は年々増加するとともに，人工呼吸器の管理等の特定行為以外の医療的ケアを必要とする児童生徒等が学校に通うようになるなど，医療的ケア児を取り巻く環境が変わりつつある」ことが言及されている。学校教育において彼らに適切な教育を施す為には，制度や施設整備面も含めた解決すべき課題が多いと言える。

4．重度・重複障害者への教育について

上述したように医療技術の進歩は，「命を救う」という面において大きな貢献を果たし，これに伴い，「命を育てる」ことが学校教育において重要な課題となってきた。平成29年4月に公示された特別支援学校教育要領・学習指導要領解説総則編（幼稚部・小学部・中学部）においても，「重複障害者のうち，障害の状態により特に必要がある場合には，各教科，道徳科，外国語活動若しくは特別活動の目標及び内容に関する事項の一部又は各教科，外国語活動若しくは総合的な学習の時間に替えて，自立活動を主として指導を行うことができるものとする」と記されている。自立活動は，障害のある子ど

もたちが社会参加と自立に向け，障害に基づく種々の困難を主体的に改善・克服するために必要な力を身に付けるための指導領域であり，子どもたちの実態に応じて，６区分27項目の内容から必要な項目を選定して指導を行うものである。もちろん，障害が重複していることや重度であることだけを理由にして，各教科の内容や目標を取り扱わないということは容認されるものではない。どのような力を身に付ければ，より豊かな日常・学校生活を送ることができ，充実した学習を行うことができるかという点から自立活動の指導を考えていく必要がある。この点だけを取り上げても，重度・重複障害のある子どもたちの教育は，「生きる力」の育成に根差したものであり，それは，障害のない子どもたちの教育と同じ目標に向かって進んでいくものであると言える。

５．インクルーシブ教育システムと重度・重複障害

重度・重複障害のある子どもたちが学ぶ場は特別支援学校に限定されている訳ではない。従来は，施設設備面や看護師等の配置といった面から特別支援学校に就学する事例が多かったことは事実である。しかしながら，現在，我が国は共生社会の実現に向けたインクルーシブ教育システムの構築が進められており，重度・重複障害のある子どもたちが小・中学校に在籍する例も増えつつある。前述した文部科学省の調査では，全国の公立小中学校において，日常的に医療的ケアが必要な児童生徒が858 名在籍していることが示されており，看護師を配置する小・中学校も今後は増えていくことが予想される。

重い障害があることを理由に一般的な教育制度から排除されることがあってはならない。他方，学ぶ場が同じであっても，子どもが適切に学ぶことができる環境が用意されていなければ「配慮なき放り込み」となる危険性もある。インクルーシブ教育システムの下で，重度・重複障害のある子どもたちが適切に包摂されていくためには，在籍するすべての児童生徒が人間の多様性を尊重すること，換言すれば「我以外皆我師」の精神を育成していくことも学校教育に課せられた重要な課題であると言えよう。

（船橋篤彦）

Q 24　情緒障害ってなに？

1. 情緒障害とは

情緒障害（Emotional Disturbance）は医学的な診断名ではなく，情緒面の問題によって社会生活を送る上で著しい困難が生じる状態であることを表す用語である。一般的に，気持ちの激しい乱れや落ち込みは誰にでも起こりうる。その殆どは一過性のものであるので，特に問題視するものではない。そのような状態が長期的かつ継続的に続き，社会生活を送る上で様々な困難が生じてしまう場合は情緒障害に該当する。他害や自傷などの攻撃的な行動や不登校，体調不良など，子どもによって現れる問題は多岐に渡るため，子どものニーズに合わせた教育的支援を行う必要がある。

文部科学省は，情緒障害を「情緒の現れ方が偏っていたり，その現れ方が激しかったりする状態を，自分の意志ではコントロールできない状態が継続し，学校生活や社会生活に支障となる状態」と定義している。宮尾（2012）は，いじめや虐待などのネガティブな経験が気持ちの乱れを生み，それらが様々な問題となって現れると述べている。なお，他害や自傷が長期間に渡って続く状態を行動障害と言うが，それらは個人的要因だけでなく周囲とどのような状況で生活を送っているのかといった環境的要因によっても引き起こされるものであり，情緒障害に含まれる（小林，2000）という考え方もある。

2. 情緒障害のタイプ

情緒障害には，1）自閉症又はそれに類するもので，他人との意思疎通及び対人関係の形成が困難である程度のもの，2）主として心理的な要因による場面緘黙等があるもので，社会生活への適応が困難である程度のもの，の2つのタイプに分けられる。ここでは，自閉症と場面緘黙について説明する。

自閉症は，アメリカの精神科医であるレオ・カナーによって1943年に報告された。自閉症の原因論については，親の育て方による心因説や言語認知障害説など，これまで二転三転してきたが，現在では，多くの遺伝的な要因が複雑に絡み合う中で発生する生まれつきの脳機能障害と位置付けられている。なお，文部科学省では「自閉症」という用語を使用しているが，アメリカ精神医学会が出版している精神疾患の診断統計マニュアル（DSM-5）では，「自閉スペクトラム障害（Autism Spectrum Disorder）」という用語が使用されている。自閉症スペクトラム障害は，自閉症，アスペルガー障害，特定不能の広汎性発達障害等を包括したものになる。スペクトラムは「連続体」という意味であり，知的障害の重い者から知的能力の高い者まで状態像が多様であること示している。Wing（1996）は，自閉症の特徴として，①対人関係（社会性相互交渉）の障害，②コミュニケーションの障害，③想像力の障害を挙げている。このような特徴が社会生活の中で複雑に絡み合いながら様々な問題を生じさせる。自閉症の傾向の測定には，広汎性発達障害尺度（PARS）や小児自閉症評定尺度（CARS），AQ日本語版等がある。

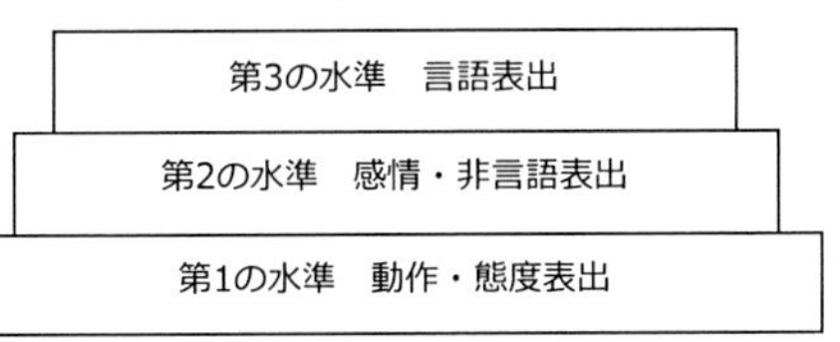

図2-24-1 社会的場面の階層構造
（河井・河井，1994より引用）

選択性かん黙（Selective Mutism）は，話す能力には問題がないのに，幼稚園や学校などの特定の場所や場面で話をしない状態を指す。子どもが社会生活を営むようになってから発症すると言われている。「家では普通にお話しているのに，どうして園（または学校）では難しいのだろう」と困惑する保護者や教育関係者は多い。DSM-5による診断基準では，「①他の状況で話しているにもかかわらず，話すことが期待されている特定の社会的状況において，話すことが一貫してできない，②その障害が，学業上，職業上の成績，または対人的コミュニケーションを妨げている，③その障害の持続期間は，少なくとも1カ月である，④話すことができないことは，その社会的状況で要求されている話し言葉の知識，または話すことに関する楽しさが不足していることによるものではない，⑤その障害は，コミュニケーション症ではうまく説明されず，また自閉スペクトラム症，統合失調症，または他の精神病性障害の経過中にのみ起こるものではない」の

5項目が挙げられている。かん黙が発症する要因としては，極度の不安や緊張といった心因的要因と家庭の状況などの環境的要因が想定されており，それらが複雑に絡み合う中で発症すると考えられている（角田，2012）。かん黙の程度について，河井・河井（1994）は，社会的場面の行動を3つの水準（第1の水準：動作・態度表出，第2の水準：他者との感情・非言語表出，第3の水準：言語表出）に分け，子どもがどの水準に当てはまるのかが，基本的にはそのままかん黙の程度とみなすことができると主張している。なお，この水準は階層的構造になっており，第3の水準から第1の水準へと移行するにつれてかん黙の程度は重くなる。

3. 情緒障害に見られる症状

情緒障害のある子どもが示す症状は，周囲に迷惑や支障のない内向性の問題と，周囲に迷惑や支障のある外向性の問題の2つに大別される。どちらも子どもからのSOSに変わりはないので，症状に合わせた適切な対応が求められる。

具体的な症状について，杉山（2000）は，食事の問題，睡眠の問題，排せつの問題，性的問題，神経性習癖，対人関係の問題，学業不振，不登校，反社会的傾向，非行，情緒不安定，言葉の問題，緘黙，無気力，の14項目を挙げている。これらの項目は，文部科学省（2021）の「障害のある子供の教

表2-24-1　情緒障害に現れる症状（杉山，2000を参考に作成）

①　食事の問題（拒食，過食，異食など）／　②　睡眠の問題（不眠，不規則な睡眠習慣など）／　③　排せつの問題（夜尿，失禁など）／　④　性的問題（性への関心や対象の問題など）／　⑤　神経性習癖（チック，髪いじり，爪かみなど）／　⑥　対人関係の問題（引っ込み思案，孤立，不人気，いじめなど）／　⑦　学業不振（全般性学業不振，特定教科不振など）／　⑧　不登校／　⑨　反社会的傾向（虚言癖，粗暴行為，攻撃傾向など）／　⑩　非行（怠学，窃盗，暴走行為など）／　⑪　情緒不安定（多動，興奮傾向，かんしゃく癖など）／　⑫　言葉の問題（吃音，言語発達障害など）／　⑬　かん黙／　⑭　無気力

育支援の手引」にも情緒障害の症状として取り上げられている。他の障害と比べて情緒障害に見られる症状は非常に幅が広いと言える。これらの症状は，年齢や周囲がどのようにかかわっているのかによって様々な現れ方をする。

実態把握にあたっては，問題行動だけではなく，生育歴の聞き取りや学校や家庭での様子等の情報収集は欠かせない。加えて，教育現場では，子どもの難しいところばかりに目が向きがちになってしまうが，できるところに目を向けることが支援の手立てを考える上では大切になる。

参考文献

日本精神神経学会（日本語版用語監修）高橋三郎･大野裕（監訳）(2014)『DSM-5　精神疾患の診断･統計マニュアル』医学書院.

角田圭子（2012）「場面緘黙のアセスメントについて」『日本保健医療行動科学会年報』27, pp.68-73.

河井芳文･河井英子（1994）『場面緘黙児の心理と指導――担任と父母の協力のために』田研出版.

小林重雄（2000）「行動障害の意義と背景」長畑正道･小林重雄･野口幸弘･園山繁樹編著『行動障害の理解と援助』コレール社, pp.13-22.

宮尾益知監修（2012）『発達障害と情緒障害の子どもの能力を家族全員で伸ばす！』日東書院本社.

杉山雅彦（2000）「情緒障害」小出進編集代表『発達障害指導事典第二版』学習研究者, pp.319-320.

Wing, L.（1996）The autistic spectrum: *A guide for parents and professionals*. London:Constable. ローナ･ウイング, 久保紘章･佐々木正美･清水康夫監訳（1998）『自閉症スペクトル――親と専門家のためのガイドブック』東京書籍.

文部科学省（2021）「障害のある子供の教育支援の手引」, https://www.mext.go.jp/a_menu/shotou/tokubetu/material/1340250_00001.htm

（鈴木　徹）

Q 25　行動障害ってなに？

1．行動障害とは

（1）福祉・医療の分野から

行動障害（behavior disorder）は障害の用語が使われているが，子どもへの診断名ではない。知的障害や自閉スペクトラム症（Autism Spectrum Disorder，以下，ASD）のある子どもが示す行動の状態を表す臨床的な概念である。この用語と概念は障害者福祉や医療の分野で主に使用される。社会生活及び人間関係や心身の健康に問題を引き起こす逸脱行動や不適応行動と定義され，ASD，知的障害，注意欠如・多動性障害やそれらの二次障害として生じやすい反抗挑戦性障害といった幅広い障害種の子どもたちに認められる。関連して，我が国独自に1980年代から使用され始めた「強度行動障害」は，主に知的障害者施設で暮らす利用者の示す周囲が支援に苦慮する激しい行動を示すものとして用いられ始めた。1993年に関連事業が始まったことで行政用語として定着した。

具体的な行動として，自傷，他害，こだわり，物壊し，睡眠の乱れ，食事障害，排泄障害，多動，騒がしさ，パニック，粗暴等の行為がある。それらは通常考えられない頻度で出現し，現在の療育環境では著しく処遇困難なものを指す。こうした強度行動障害を，1人の利用者が重複して示すことは少なくない。強度行動障害を示す利用者への支援は，施設現場でいまも解決すべき危急な課題の1つである。

（2）特別支援教育の分野から

行動障害のほぼ同義の概念として，特別支援教育の分野では，「行動問題」「問題行動」「不適切行動」「不適応行動」等が使用され，それぞれ原語がある。以前は「問題行動」が多く使用されてきたが，問題行動には行動自体が問題，また当該行動は常に問題という負のイメージが伴いやすい。そこで教育現場では「行動問題」が多く使用されるようになった。行動自体が問題ではなく，障害者本人が問題ではなく，行動を引き起こし維持させている周囲の支援環境が問題という考え方が定着しつつある。「なぜ，子どもがその行動問題を起こすのか」の行動理解でも，子どもの障害の特性や重さといった個体要因に帰属せず，周囲の環境要因から推定する。行動問題は，もともと“challenging behavior”の訳で，挑戦（的）行動と直訳するとピンとこないが，「チャレンジ」は子どもよりも周囲の支援者の方に向けられている。子どもが行動問題を起こさなくて済む支援環境の整備に力を注ぐこと，挑むことのポジティブな姿勢が込められている。

知的障害やASD児の中には，周囲の家族や教師がその行動の理解と支援に苦慮する行動障害を示すものが少なくない。特に，ASDや知的障害の重い子どもの場合は多くなり，可変性はあるが一過性ではなく慢性化していることが特徴となる。特別支援学校の教室でよく見られるものとして，目の前で手をヒラヒラさせたり，着席したまま上半身を前後に揺らしたりする行動がある。これらは「常同行動」「自己刺激行動」または「ロッキング」といったネーミングあるいはラベリングされる。他にも，自分の手を強く噛む，頭を叩いたり壁にぶつける等の「自傷行動」，教師や仲間の身体を叩く，つねる，ひっかく，髪の毛を引っ張る，唾を吐く等の「他害行動」，また教師の指示に応じない，強い拒否，癇癪，離席，大声や奇声もよく観察される。こうした行動障害に対するネーミングについて，行動様式から，例えば，常同行動や自己刺激行動のように表現されるが，研究者の立場で，また同じ研究者でも文脈によって使い分けられるため,「常同か？　自己刺激か？どちらが正しい？」の議論には実践上あまり意味はない。支援者として，行動障害の意味を正しく，前向きに理解し，確かな支援につなげて，彼らの学校生活が今よりも充実することに力を注ぐことが何より大切である。

2. 行動障害への支援に向けて

行動障害であるかどうかの基準は，行動それ自体の異常性や特異性，また周囲の環境との関係で決まる。特に後者は大切な視点で，当該行動を問題にする人が周りにいるかどうかがポイントとなる。例えば，誰もいない個室で大声や奇声をあげても行動障害とはいえない。しかし，教室の集団場面で大声をあげると，仲間や教師の不穏を引き起こしたり学習活動への参加を妨げたりする。この場合には改善すべき対象となる。他にも，周囲が問題視しやすい性的な行動について，３歳のASD幼児が自分の性器を触っていると，保育士は「触ったらダメだよ」と一応制止するが，深刻な行動障害とは捉えないであろう。それに対して，同じ行動でも，中学3年のASD生徒がやってしまうと介入の危急性は途端に高くなる。このように行動障害の問題性や改善の必要性は，周囲との関係で規定される。アセスメントに先立って行うべき作業は，「誰が･どこで･いつ･どのような」行動を問題視し支援対象とすべきかの標的行動を明確にすることである。教育現場でも，教師間で子どもの行動障害の捉え方が異なったり曖昧であったりすることは多いからである。

子どもが激しい行動障害を示すと，家庭や学校，地域での生活経験や学習機会が制限される。激しい行動障害を示す子どもを，進んで外出に帯同する親は少ない。例えば，以前教育相談で関わっていた母親は，我が子のお昼寝の間に，買い物をさっと済ませていた。10歳の重度知的障害を伴うASD男児で，食欲旺盛である。一度スーパーに連れて行ったとき，試食コーナーを見つけて食品を手づかみで片っ端から食べてしまった。スーパーに連れて行かない，行けない母親の心情は痛いほど察することができる。しかし，その一方で子どもが年齢相応に経験し学習するはずの品物を自ら選んだり支払いをしたりする経験とスキル獲得の機会は制限される。また，教室で激しい他害を示す児童が別室で１人で朝の会をしていることがある。他害を防ぐ対処であるが，仲間と一緒に学習参加したり関わったりする機会は乏しくなる。こうしたエピソードからも，行動障害は改善し克服すべき課題といえる。

これまでの研究成果から，多くの行動障害が周囲の環境とのやりとりを通じて（誤）学習されたもので，他者へのコミュニケーション機能を持つこと，そのスキルが十分でない子どもの伝達手段となっていることがわかっている。例えば，教室でよく見られる不規則発言や暴言は，教師にとって不適切であるが，本人にとって教師や仲間にかまってもらえた，注目を得たという望ましい結果が行動の生起や維持を支えている。本人は困っておらず，不適切発言によって仲間のウケ（肯定的または否定的フィードバック）が得られることで高まり維持される。また，教室でASD児が身体を揺らすロッキング行動を調べて見ると，揺らし方を自ら変えて感覚刺激の違いを楽しんでいたり，側にいる教師の「ダメだよ，落ち着いてね」の関わりを要求していたりする。このように行動障害には子どもにとってきちんとした理由があり，彼らの「言葉」や「表現」といえる。「異常」「特異」行動と理解するのではなく，決して恐れず，子どもと向き合って，適切な伝達手段へと育てていくことが支援者に課された仕事である。具体的な支援方法やアプローチについては，第4章Q57を参照してほしい。

参考文献

小野次朗（2016）「行動障害」日本LD学会編『発達障害事典』丸善出版，pp.14-15.

園山繁樹（2012）「強度行動障害」小林重雄監修『自閉症教育基本用語事典』学苑社，pp.67.

（村中智彦）

第3章

障害のある幼児児童生徒の学習上・生活上の困難

Q 26　自閉症（ASD）の学習上の困難は？

1．学習上の困難さを理解する

自閉スペクトラム症のある子どもたちが集団活動や授業に参加したり，もてる能力を発揮したりする上で，どのような困難を示すのだろうか？本稿では，学習上の困難に関して，3つの状況や場面を取り上げる。

第一に，自分自身の気持ちをコントロールすることの苦手さが授業に参加したり，課題に取り組んだりすることに，すなわち間接的に学習に影響を及ぼすことがある。例えば，授業中に分からない問題があるときや間違えたときに「まぁ，いいか」「次は頑張ろう！」等と気持ちを受け流したり，コントロールしたりすることに苦手さがある。その結果，泣いたり，机を倒したりするといった行為を示す場合がある。この困難さに対し，問題の量や難易度を調整する，子どもが好きなキャラクターが印刷された教材を用いる等の支援や工夫が考えられる。また，体育の授業において，ドッジボールで負けてしまい，友達に悪口を言ったり，叩いたりすることが想定される。「頑張れ！」とチームメイトを応援する行動を見逃さず，即時に褒めることで，子どもの意識が場に応じた行動をとることに向きやすくなる。さらに，見学することを認めるといったように，場の共有も学習活動への参加と捉え，柔軟に対応していく必要がある。

第二に，社会的な状況の読み取りの苦手さのため，学習上の困難を示すことがある。図に示したように，授業中であることや先生の表情，口笛を吹くと周囲の友達の気が散るということに注意が向きにくいため，悪気はなくても場に則さない行為をとることがある。つまり，自分の行為が他者に及ぼす影響に気づくことの弱さがあるといえよう。あるいは，クラスメイトが発言しているときに思ったことを口に出す，取り組む内容が分からずにパニックになる，クラスメイトが先生にワークブックを提出している場面で「あれを持ってきて」といった曖昧な指示が分からないことがある。このように，状況（例えば，隣の席の友達の様子）を手がかりに判断することに苦手さがある。この困難さに対し，各場面でとるべき行為を一つひとつ教える，子どもに伝わるように表現を工夫するといった支援が考えられる。

第三に，学習そのものに困難さがある。具体的には，国語の時間に登場人物の心情やその変化を読み取る，「行く／来る」「わたす／もらう」等の関係性のあることばや「前後左右」といった位置や方向を表すことばを理解すること等が苦手である。相手の立場に立って物事を考えることの困難がその背景にあるとされる。例えば，花子さんに「今日，私の家に遊びに来る？」と尋ねられたときに，「自分の立場からは，僕は花子さんの家に行く」と自分の立場にひきうつすことが難しく，「来る」と返答することがある。自閉スペクトラム症の特性を理解し，その困難を乗り越えられるよう，子どもたち一人ひとりの強みや特徴を活かした支援を考えていく必要がある。

２．まとめ

自閉スペクトラム症のある子どもたちの学習上の困難を理解することが支援につながっていく。スペクトラム（連続体）であることから，困難やその程度は一人ひとり異なる。子どもたちの行動をよく観察し，どのような学習上の困難があるか，どのようにかかわったときにうまく取り組めたか，それらを丁寧に積み上げていくことが重要である。（朝岡寛史）

図3-26-1　社会的な状況の読み取りの例

Q 27　自閉症（ASD）の生活上の困難は？

1．日常生活上の困難さを理解する

自閉スペクトラム症（以下，ASD）の子どもが感じる生活上の困難さは一人ひとり異なるため，子どもたちが困難に感じる状況や場面にはどのようなものがあるかを理解する必要がある。主な状況や場面を具体的に説明する。

（1）曖昧なルールや表現のもとで行動する時

私たちは周囲の人と関わる時に，暗黙のルールを自然と察知し，相手の表情やしぐさを手がかりに相手の気持ちを推測しようとする。しかしASDの子どもは，そのような手がかりを使って柔軟にコミュニケーションを図ることが苦手である。学校生活の中では，友達の輪への入り方や話しかけ方がわからず，関係のない話を突然始める，自分が興味のある質問や話をし続ける傾向がみられる。また友達が他の友達を少しからかっている状況を見て楽しいと感じ，周囲がからかうのをやめた後も，繰り返しからかってしまい，トラブルになることもある。学校生活以外では，初めて会った人に「変な色の服ですね」など，思い浮かんだままを相手に伝えることもある。

また具体的な表現はよくわかる一方で，曖昧な表現がわからない場合がある。学校生活の中では，先生の「気をつけて」などの言葉で行動することが難しい場合もある。「廊下は歩いて」など，決まりごとを具体的に伝える配慮があると過ごしやすくなる。家庭の中でも，言外の意味を感じ取ることが難しく，例えば「弟を見ていてね」と保護者に頼まれた時に，字義通りに見ているだけになることもある。頼みごとも具体的な表現で伝える必要がある。

（2）想定した状況と異なる時

日常生活の中で自分が想定していないことが起きた時，私たちは不安や緊張を感じるが，ときとして，その状況自体を楽しむこともできる。ところがASDの子どもは，物事へのこだわりがあり，本人が想定した通りに物事が進むことで安心する一方で，想定した状況と異なる時に強い不安や緊張を感じ，パニックやかんしゃくが起こる場合がある。

例えば学校生活の中では，時間割の変更や行事の時に，強い緊張や不安から不機嫌になったり調子が悪くなったりする場合がある。急な変更は言葉と文字や絵を使ってあらかじめ伝える，行事については家庭とも連携し，保護者にも事前に説明してもらうなどの配慮が考えられる。他にも，休み時間に本人がやりたい活動ができなかった時に，すぐに納得し難い場面もみられる。休み時間のルールを作成し，ルールを守れた人をクラスで賞賛するなどの工夫が考えられる。家庭でも，ゲームや動画視聴など，好きなことに熱中している時に，保護者に中断するように言われて怒り出すこともある。家庭での決まり事や過ごし方など，見通しを持たせる支援が考えられる。

（3）強いストレスを感じる刺激がある時

私たちも日常生活の中で，不快に感じる状況や場所からは一刻も早く立ち去りたくなるだろう。ASDの子どもは，様々な感覚にかたよりがみられることから，周囲にとっては何でもない状況や場所であっても，本人は強いストレスを感じる場合がある。例えば学校生活の中で，大勢の人が集まる朝礼に参加することが耐え難く感じたり，給食の匂いを苦痛に感じたりすることもある。クールダウンできる部屋の用意や，別室で給食を食べる等の配慮が必要となる。学校生活以外でも，部屋の明かりが目に突き刺さるように感じることや，ハンドドライヤーなどの音に強いストレスを感じることがある。また肌触りが苦手な服があり，特定の衣服を好む場合もある。本人の感じ方を理解し，本人が安心できる環境に調整する必要がある。

2．まとめ

ASDの子どもが困難さを感じている時は，その子どもがやりたいことと，周囲がやってほしいことの間に「ズレ」が生じている時でもある。「ズレ」を調整することで，困難さを解消できる状況や場面もある。そのためには困難さが起きやすい状況や場面を周囲が理解していくことが重要となる。また，自分自身の困難さに関する本人の理解を促し，その対処法を一緒に考えていくことも必要である。

（石塚祐香）

Q 28　注意欠陥多動性障害（ADHD）の学習上の困難は？

1．幼児期の様子

ADHDの特徴が顕著に現れる時期である。幼稚園等に入ってからよく見られる行動を不注意・多動性・衝動性に分けて説明する。

（1）不注意

集団活動に参加できなかったり，参加していたとしてもクラスメイトと合わせて行動するのが難しかったりする。周囲のことが気になり，1つのことに集中できないことがある。その反面，興味があることに対してものすごい集中力を発揮することもある。

（2）多動性

1つの場所にじっとしていることができず，動き回ってしまうことがある。例えば，入園式などの静かに座って話を聞かなければいけない状況で動き回ったり，大声を上げたりしてしまう。おしゃべりが止まらず，相手の状況を気にせずに，一方的に興味のあることを延々と話し続けてしまうこともある。

（3）衝動性

「待つこと」が苦手である。例えば，遊びのルールを分かっていたとしても，順番を守ることができなかったり，不利な状況になると癇癪を起こしたりする。クラスメイトとのトラブルは絶えることはなく，「友達はいない」，「一人ぼっち」等の自己否定的な発言を行うこともある。このようなADHDの行動特性ばかりが目立つので，保育者は「周りの子どもと同じように褒めたいのに，どうしても注意や叱責が多くなってしまう」と頭を抱えてしまう。このような状況に対して，園全体で担当保育者をサポートする体制を強化していかなければならない。そうすることで，保育者に余裕が生まれ，目先の行動だけにとらわれず，子どもの想いに目を向けていくことができる。

２．学齢期の様子

学校生活がスタートすると，授業中に座っていることが難しい，友達と一緒に取り組むことが難しいなど，様々な問題が出てくるかもしれない。ただし，環境調整や医療機関との連携など，サポート体制を整えることで，集団活動への参加が増えたり，クラスメイトと良好な関係を築くことができたりするなど，ポジティブな側面が見られるようになっていく。学校に入ってからよく見られる行動を不注意･多動性･衝動性に分けて説明する。

（1）不注意

教師からいくつか指示が出されると，その内容を覚えておくことができないことがある。周囲からは「忘れっぽい」,「話を聞いていない」と思われてしまう。学習では，選択肢の番号を答える問題で，番号は書かずに答えをそのまま書いてしまうといったケアレスミスが目立つ。また，忘れ物が多かったり，文房具などをよくなくしたりすることがある。

（2）多動性

入学した頃は離席が目立つかもしれない。学校では，子どもの多動傾向を認め，座っている時間を少しずつ長くしていくように支援していく必要がある。適切な対応をとることで，離席は目立たなくなるが，イスをガタガタと鳴らしたりするなど，別な行動が出てくる可能性がある。

（3）衝動性

幼児期と同じように,「待つ」ことが苦手である。先生から指名されていないのに問題を答えたり，クラスメイトの給食が揃っていないのに食べ始めてしまったりする。物事を順序通りにこなすことが難しく，気持ちの赴くままに行動してしまうことがある。先生は「言うことを聞かない」,「その子がいるとクラス全体が落ち着かなくなる」などと思うかもしれない。どうしても強い口調で指示したり，叱責したりすることが多くなってしまう。ただ，本人にそのような意図はなく，失敗経験だけが多くなってしまうことになる。「できた」経験をいかに積み重ねていくのかがとても大切になる。

（鈴木　徹）

Q 29　注意欠陥多動性障害（ADHD）の生活上の困難は？

1．幼児期

子どもが動き回るようになった頃から，保護者の心配は絶えなくなる。就学前の家庭での様子を不注意・多動性・衝動性に分けて説明する。

（1）不注意

おもちゃで遊んでも片付けない，片付けようとしても別の遊びを始めてしまうことがある。遊びがころころ変わるなど，1つの物事に集中せず，色々なことに気を取られてしまう。

（2）多動性

「どこにそんなエネルギーがあるのか」と驚くほど動き回ったり，話し続けたりする。ただ，他者の話に耳を傾けることが難しいため，一方的な会話になりがちである。会話の内容がずれていってしまうこともある。

（3）衝動性

人見知りや場所見知りをすることはあまりなく，外出先で迷子になることは日常茶飯事である。また，危険を省みない，周りの状況を見ずに動いてしまうため，不慮の事故には十分に注意しなければならない。行動を制止されることが続くと，癇癪を起こしてしまうことがある。この時期，保護者は育てにくさを感じ，体力的にも精神的にも疲れ果ててしまうことがある。入園を機に，周りの子どもと自分の子どもを比べるようになり，子どもに厳しく当たってしまうことが多くなってしまう。時には叱ることも大切である。ただ，それでは子どもが自信を持って様々なことにチャレンジできなくなってしまう。子どもの「できるところ」に目を向け，認めて，褒めてあげなければならない。

2．学齢期

小学校に入学すると，宿題や翌日の授業の準備など，「やらなければいけないこと」が増えてくる。その一方で，ゲームなどの「やりたいこと」も増えてくる。2つのバランスを取るのが難しく，注意したり怒ったりすることが増える。学齢期の家庭での様子を不注意･多動性･衝動性に分けて説明する。

（1）不注意

「片付けが苦手」なことは，幼児期から継続する。学校から連絡があったことを伝え忘れたり，学校への提出物を出し忘れたりすることがある。帰宅してからの流れ（うがいと手洗い→おやつを食べる→宿題を行う→ゲームをする）を忘れてしまうこともしばしばある。

（2）多動性

年齢が上がるごとに，家中を動き回るようなことは少なくなってくる。ただ，周りの人の状況を見ずに，興味のあることや学校での出来事を延々と話し続けてしまうことがある。「お話タイム」などを設けるなど，本人の想いを話せる場を作る必要がある。

（3）衝動性

「宿題を終わってからゲームをする」のがルールであることは分かっているのに，ゲーム機を目にした途端，我慢できなくなり，ルールを守れなくなってしまうなど，衝動的な側面は継続して見られる。本人が集中して物事に取り組める環境を整えていく必要がある。

宿題など，「子どもが自分でやらなければいけないこと」が増えてくると，どうしても保護者は注意することが多くなってしまう。幼児期と同様に，「できること」に目を向けて，意識的に褒める機会を増やしていく必要がある。また，学年が上がるにつれて，周りと自分を比較するようになってくると，「僕はできない」，「ダメな人間なんだ」と強く自己否定してしまう子どももいる。まず，子どもの気持ちを受け止め，どうしたらうまくいくのかを一緒に考えていく必要がある。家庭と学校，医療機関等が連携しながら支援を進めていかなければならない。

（鈴木　徹）

Q 30　学習障害（LD）の学習上の困難は？

1．学習上の困難とその要因

LDのある子どもには「読む」「書く」「計算する」「推論する」「聞く」「話す」の基礎的な学習能力のうち，特定のものの習得と使用に著しい困難がみられる。表3-30-1には領域ごとの困難について例示した。これらの学習の困難の詳細は，2017年に刊行された「個別の指導計画：作成と評価ハンドブック」にある「学習領域スキル別つまずきチェックリスト」が参考になる。

LDのある子どもは，すべての学習の領域で困難が認められるわけではない。単なる学業不振とは区別する必要がある。読み書きは苦手だが，聞いたり話したりするのは得意であったり，文章題は苦手だが，計算は得意であったりなど，このような明らかな不均一な特徴（強さと弱さ）が認められる。

学習の困難には，さまざまな要因が影響する。例えば「読む」ためには，まず文字を見て，次にそれを音声に変換しなければならない。聴覚的な刺激を処理する機能につまずきがある場合，この「文字―音声変換」がうまくいかず，拾い読みなどの読字の困難を生じる。一方で，視覚的な刺激を処理す

表3-30-1　各領域における学習上の困難の例

領域	困難の例
読む	拾い読みをする，音読が遅い，文中の語句や行を抜かして読む，文章の要点を読み取ることが難しい
書く	筆順を覚えるのが難しい，鏡文字がある，字の大きさや形が整っていない，筋道の通った文章を書くことが難しい
計算する	順番や大小の判断に時間がかかる，計算に時間がかかる，繰り上がりや繰り下がりのある筆算で誤りが多い
推論する	図形や文章題を解くことが難しい，物事の因果関係の理解が難しい，応用問題を解くこと（考え方の一般化）が難しい
聞く	聞き間違いがある，指示を理解するのが難しい，話を最後まで聞くことが難しい
話す	たどたどしく話す，言いたいことをうまく話すことが難しい，筋道を立てて話すことが難しい

る機能につまずきがある場合でも，同じような困難を生じる可能性がある。流暢に読むには語彙の記憶も関係する。また，読んだものの意味を理解するには，情報を統合するより高次の機能が必要となる。LDのある子どもには，このような認知のプロフィールにアンバランスさがあることが推定されており，これがLDに特有の学習の困難を生じさせていると考えられている。

幼児期の学習上の困難について述べる。LDのある子どもの学習の困難は，学習活動が本格的にスタートする学齢期以降に顕在化する。特に読み，書き，算数の学力の３要素に関わる困難は，それを学ぶ準備が整う就学前後にならないと，判断することは難しい。一方で，聞く，話すの困難は，幼児期においても確認できる。ただし，このような「話しことば」の困難は，必ずしもLDによるものとはいえない。ことばの遅れやコミュニケーションの障害などの他の要因が関係している可能性がある。

２．各教科にみられる学習上の困難

教科の視点からみると，特に読むや書くの困難は，書字言語を習得する国語の場で，また，計算するや推論するの困難は，数や図形などを扱う算数・数学の場で確認していくことが基本となる。

一方，外国語においては，英語特有の困難がみられる。例えば「正しく発音することが難しい」「bやdなどの似た文字を書き間違える」などがある。英語は日本語とは言語体系が異なり，文字と音声の対応関係がより複雑であるなどの特徴がある。国語ではまったく困難を示さなかったが子どもが，外国語に取り組んだ時に初めて困難に気づくという場合もある。

国語や算数の基礎は，さまざまな学習活動の基盤となる。LDのある子どもは，例えば，「地図から必要な情報を見つけ出せない（社会）」「観察記録を書くのに時間がかかる（理科）」など，他の教科においても，さまざまな教育的ニーズを抱えている可能性がある。

参考文献

海津亜希子（2017）『個別の指導計画　作成と評価ハンドブック』学研教育みらい．

（玉木宗久）

Q 31　学習障害（LD）の生活上の困難は？

LDのある子どもの主たる教育的ニーズは，学習上の困難である。しかし，これに関連して，さまざまな生活上の困難に遭遇する可能性がある。本稿では，①意味の理解や伝達の困難，②心理面の困難，③人（友達）との関わりの困難，④自己の理解と自己の調整の困難，の４つについて述べる。

まず①について述べる。LDのある子どもの学習の困難は，必要な情報の意味を理解したり，伝達したりするための，何らかの「方法」の困難といえる。それゆえ，読み書きの困難は，ただ単に読めない，書けないというだけでなく，読んで内容を理解したり，文章を書いて伝えたりすることに影響する。また，算数の困難は，順番を判断したり，時計を読んだり，距離を見積もったりするなど，数やその概念を生活の中で応用していくことに影響する。

LDのある子どもは，例えば，読み書きの処理に大変な労力や時間が必要となるために，課題の指示や説明を正確に理解することができなかったり，覚えておくことができなかったりする場合がある。結果として，作業で間違ってしまったり，宿題やワークを最後までやりきれなかったりするなど，思いどおりの成果を得ることができないことがある。

次に②について，LDのある子どもは，例えば，音読や書きとりなどを繰り返し練習しても，思いどおりの成果をすぐに得ることができないといったことがある。このようなとき，生活全般にわたって自信を失ったり，その不安や緊張，ストレスなどの高まりから情緒が不安定になったりすることがある。また，自己防衛的な反応―例えば，「できないことを知られるのは恥ずかしい」「できないことをからかわれて傷つきたくない」などの思い―から，活動へ参加することに消極的になったり，そこから逃避したりすることもある。

このような心理面の困難には，子どもの内的な要因だけではなく，周囲の人の関わりなど，外的な要因が大きく関与していることに留意する必要がある。特にLDのある子どもにおいては，その特性が十分に理解されないために，不適切な対応―例えば，やる気や努力不足の問題として無理強いをされたり，注意や叱責を受けたり―が繰り返され，失敗の経験だけが積み重なってしまうといったことが起こり得る。このような状態が続くと，心理面の困難が助長され，自尊心―自分に対する肯定的な認知，態度，感情など―の低下を招くことになる。また，不登校や引きこもり，反社会的行動などの行動や情緒の問題が，二次的な障害として起こる可能性もある。

また，③については，LDのある子どもの場合，すでに述べたように，ことばなどの意味の理解が十分でなかったり，間違っていたりすることがある。また，心理面の困難などの影響から，友達との関わりの経験が不足してしまい，年齢相応の語彙力や社会的なスキルなどが十分に獲得されていないといったことも考えられる。こうしたことから，LDのある子どもは，友達とのやり取りや会話がうまくいかなかったり，グループやクラスへの参加に消極的になってしまったりすることがある。

最後に④については，LDのある子どもは，年齢が進むにつれて，自分自身の学習の困難に気づくことができるようになる。しかし，例えば，すでに述べたような心理面の困難などの影響から，自分のことを否定的に捉えてしまい，自分の長所や短所，得手･不得手などの特性を客観的に振り返ることが難しくなってしまうことがある。また，経験の不足などのために，どのように自分の特性を活かし，周りの環境に働きかけていけば，困難を乗り越えていけるのか，といったことをイメージすることが難しいという場合もある。

子どもが学習または生活上の困難を主体的に改善･克服し，将来，社会で自立して生活していくということを踏まえると，年齢が進むにつれて，このような自己の理解や自己の調整にかかわる教育的なニーズに対してアプローチしていくことがいっそう大切になってくると考えられる。

参考文献

文部科学省（2018）「特別支援学校教育要領･学習指導要領解説自立活動編（幼稚部･小学部･中学部）」, 文部科学省初等中等教育局特別支援教育課, https://www.mext.go.jp/a_menu/shotou/tokubetu/main/1386427.htm（2020年1月7日閲覧）

（玉木宗久）

Q 32　言語障害の学習上の困難は？

言語障害は，様々な原因・メカニズムで生じうるが，ここでは，生理学的基盤の問題（聴覚障害・脳性麻痺など）・社会的相互交渉の問題（自閉性スペクトラム症）・認知機能の問題（知的障害）による言語障害は除き（それぞれの領域に説明を譲る），教育現場において「言語障害」として独立して扱われる構音障害，特異的な言語発達の遅れ（障害），吃音について，それぞれの発達段階における学習上の困難について述べる。

構音は一般的に4～6歳頃までに習得される。その時期を過ぎても構音に誤りがある場合，構音障害と呼ばれる。表面に現れる「発音の誤り」という現象が，構音動作の学習の誤り（語音の運動的・音声的側面の誤り）に起因するのか，あるいは音韻的知識の未熟・問題（語音の言語的側面の誤り）に起因するのかによって，学習上の困難は異なる。純粋に運動的側面のみの誤りであれば，自身の発音の誤りに気づくことができ，正しい構音運動を獲得できれば，学習上の問題は生じない。一方，言語的側面の誤りを有する場合，（言語の習得過程にある幼児の場合，発音の誤りが音声的な誤りか言語的な誤りかを区別することは難しいが），それは音の知覚や認知と関連しており，就学後に読みや書字の問題として現れうる。例えば，「でんき」を「でんち」と発音する子どもが，書字において「でんき」と「でんち」を混同するような場合である。このように学習上の困難に繋がりうる構音障害は，後述するSLIに見られる音韻認識に関する能力の弱さが背景にある可能性がある。

言語発達を遅らせうる障害・問題がないにもかかわらず，言語発達が遅れている子どもたちを特異的言語障害（Specific Language Impairment: SLI）と呼ぶ。幼児期初期に見られるSLIの特徴としては，「こちらの言うことはわかるが，ことばが出ない」というものが多い。4～5歳になると，「ことばは少し出てきたが，ことばが繋がらない」ことが問題となる。文章を聞いて，それに対応する絵を選べても，絵を見てそれを文章で表現することができない。あるいは石鹸の絵を見て「せっけん」と言えるときもあれば，「泡のやつ」と表現するように，その単語が思い出せず周辺情報で表現する時もある。構音の不明瞭さや誤りが目立つ子どももいる。6歳頃からは単語を並べて文章らしく話すものの，助詞を抜かしたり誤ったりする，あるいは時系列に沿った話ができない，相手の話を理解できない場合がある。こうした語彙，統語，音韻，意味などにおける弱さが，就学後には平仮名が覚えられない，読めるが書けない，文章を流暢に読めないなどの読み書きや読解，作文の問題として現れる。また，SLIの子どもの中には多動や注意集中困難，不器用さなどを示す子どももいる。こうした特徴は，学習能力や意欲･態度にも影響し，教員から否定的評価を受けることも多くなる。その結果，学習への苦手意識が増え，思春期･青年期には学習を避け，その後，学業の低下につながる可能性がある。

吃音は，音の繰り返し，引き伸ばし，ブロック（言葉が出てこない）の主に3つの発話症状で特徴づけられる。吃音が学習自体に与える影響はないが，学習場面における影響はある。例えば国語の授業中，1人で教科書を音読する際にブロック症状が出ると，その文字（漢字など）を読めないと周囲に誤解されることがある。また九九の暗唱では，速く言うことが求められるため，焦って余計にことばが出なくなり，既に九九を暗記していても，教師には練習が不十分と捉えられてしまうことがある。年齢が上がると，うまく話せないことを気にして話す量を減らしたり，言いやすいことばを選んだりする子どもがいる。そのため，授業中に当てられた際，「わかりません」と言って済ませてしまう場合や，積極的にグループ討論などに参加しない場合がある。

いずれの場合も，吃音のある子どもの能力を実際より低く見せてしまう可能性がある。また，思春期･青年期には，受験等における面接の問題がある。吃音があると面接は通過できないという思い込みから，面接のある受験を避ける事例もあり，学習意欲の低下や，進学･学習の機会の制限につながる場合がある。現在では，各種受験の際，障害者差別解消法の下に合理的配慮を受けることができる。それらの情報を生徒に提供することが必要である。

（酒井奈緒美）

Q33　言語障害の生活上の困難は？

Q32と同様，構音障害，特異的な言語発達の遅れ（障害），吃音について，それぞれの発達段階における生活上の困難について述べる。

構音障害は，誤り音が少ない場合や誤り音や誤り方に一貫性がある場合，その子の発話に慣れた相手には比較的聞き取ってもらえるが，誤り音の数が多いと，意図していた単語･文章を相手に理解してもらえない可能性が高まる。子ども同士の場合は，就学前後頃になると「何を言っているのか分からない」と他児に反応されることもあり，本人の発話意欲の低下をもたらす可能性がある。あるいは，しりとりのようなことば遊び場面において，言語･音韻的な問題がある場合は，該当することばが想起できないかもしれないし，音声的な問題がある場合は，単語を想起できていてもうまく発音できず，本人が不全感や欲求不満を感じるかもしれない。年齢が上がると，発話に自信が持てず，コミュニケーションを避けてしまうこともある。

言語･音韻的な問題は，特異的言語障害（Specific Language Impairment: SLI）においても認められる。SLIでは，語彙や統語，意味においても問題があり，かつ注意集中の難しさや不器用さなどがみられる場合があるため，生活の様々な側面で困難が生じうる。語彙に弱さがある場合，語想起に時間がかかったり，適切な語が思い出せず遠回しな表現になったり（「掃除機」→「ゴミを集めるもの」など）する結果，自分の考え･思いをうまく伝えられない経験を重ね，発言が減る，あるいは感情が高ぶって問題行動として表現されることがある。統語面の弱さも同様で，助詞の用法や時制に誤りがあるため，内容が相手に伝わりにくくなる。そして，音韻面での弱さは，構音障害でも述べたように，しりとりのようなことば遊びが難しかったり，文章を読むのに時間がかかったりするなどの困難として現れうる。また発話が不明瞭な子どもも多く，内容が相手に伝わりにくくなる。意味理解の弱さとしては，幼稚園等の集団の中で，先生が口頭のみで全体に指示を与えた場合，理解が難しく，思い込みで行動をしたり，会話の中で相手の質問をうまく理解できずに，やり取りが噛み合わないこともある。こうした各側面の弱さの有無や程度には個人差があるが，全体像として，何となく話が噛み合わない子，何を言っているかよく分からない子，人当たりは良いが落ち着きがなく自己中心的な子などの否定的な印象を持たれやすく，友達の輪に入るのが難しかったりする。その結果，年齢が上がるにつれて自己肯定感が下がる可能性もある。

吃音については，生活上の困難として，自己紹介，日直当番，健康調べ，係活動などの学校内での学習以外の活動が挙げられる。日直当番や健康調べに共通する特徴は，「タイミングよく大きな声でいう」という点であり，前の人に続いてテンポよく「はい，元気です」と言う，先生が来たらすぐに「起立」と大きな声で号令をかける，という行動は，声を出そうとしても声がすぐに出ないブロック症状を有する子どもには非常に困難度の高い活動となる。同様に課外活動（部活）などでの声出し，号令なども，タイミングよく声が出ないと悩む場面である。また，年度が変わって新しいクラスになった際の自己紹介は，みんなの注目を浴びる中で，言い換えをしたり，ごまかしたりする（「わかりません」などと発言を避ける）ことができない「名前」を言わなければならない活動であり，子どもの不安は高まる。特に，進級・進学したばかりは，仲の良い子がおらず，どのような反応をされるのだろうか，変な目で見られたらどうしようなどと，心配になることも多い。また実際に，笑われたり，真似をされたり，「変な話し方」などと指摘されることで，対人関係の構築が困難になる場合もある。特に思春期・青年期以降は，吃音がバレないようにすることが第一の優先事項となり，学校内でもほとんど話をせず，友達がいなかった，あるいはなんとなく一緒にいても，聞き役になることが多く，自分の言いたいことは十分に話せなかった，というような子は多い。場合によっては，不登校，引きこもりになることもある。

吃音，構音障害，SLIともに，子どもがあまり発言しない場合，周囲は「おとなしい子」との認識しかなく，子どもの困りに気づけないかもしれないが，自信のなさや不全感を抱えているかもしれないという視点を持つ必要がある。

（酒井奈緒美）

Q 34　知的障害の学習上の困難は？

知的障害のある子どもは，個人差はあるが，共通して知的機能（理解や記憶，考えるなど学習するときに使う能力）と適応機能（毎日の生活の中で学習し，実際に使う力）の弱さがあることから，学校生活で様々な困難に直面しやすい。

1．学習に必要な内容（情報）を理解することが難しい

学校生活に限らず，必要な情報の多くは，話しことばや文字で伝えられる。しかし，知的障害のある子どもの中には，話しことばや文字だけでは，教員の指示がわかりにくいと感じる子どもがいる。その場合，絵や写真，実物などの視覚的手がかり，ジェスチャーなどの動きを付加して伝えることで，内容や注意の焦点がはっきりとし，必要な情報を理解しやすくなることがある。

通常，知的障害のある子どものことばの発達は遅れる。小学校低学年段階では，有意味語の獲得や，単語·二語文程度のやりとりを進める支援が必要なことが多い。ただし，必ずしもことばの理解と表出の能力は一致しない。ことばの表出が少なくても，相手の話をよく理解する子どももいれば，その逆もある。抽象的な事柄や経験していない話の理解は苦手な子どもが多い。

文字の読み書きは，話しことばの習得に比べてより困難が大きい傾向にある。一般的に，ひらがなの読み書きでは，音韻認識，視覚認知，手指の操作性すべてに少なくとも４歳児程度の発達が必要とされる。漢字の読み書きは，知的な遅れが大きい子どもの場合，文字の全体と部分の関係を構造的·有機的に把握することが難しい（佐久間, 2018; 図3-34-1参照）。しかし，最

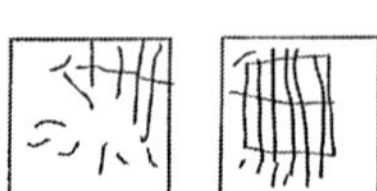

図3-34-1 知的障害児による漢字「無」の模写図形の例
（佐久間，2018の図18より一部転載）

近ではタブレット端末の使用など，子どもの認知特性に合わせた学習方法の選択肢が広がっている。

知的障害のある子どもの数概念の形成は，知的発達の遅れや，生活経験の不足によって遅れる。定型発達の子どもは，遊びや生活の中で物を配る経験などを通し，計算の前段階としての数概念が身に付いていく。しかし，知的障害のある子どもの場合，四則計算ができても，本来幼児期に対応可能な数の多少の判断ができないなど，定型発達の子どもとは異なる道筋で学んでいる可能性がある（山口, 2012）。おやつを配る，パンを分け合う，買い物をするなど，数概念の形成に関わる経験を多くもつことが大切である。

２．学んだ知識・得た情報を忘れやすい（記憶の弱さ）

学習には，覚えたり，思い出したりという記憶の働きが欠かせない。例えば，教員の指示に「わかりました」と答えたものの，少し時間が経つとすぐに忘れてしまう子どもがいる。必要な情報を一時的に脳に保持しながら，操作･整理し，情報が不要になれば削除する脳の働きをワーキングメモリといい，学習や日常生活のさまざまな場面に影響をもたらしている。知的障害のある子どものワーキングメモリは，個人差はあるものの，小さい傾向にある。このため，一度にたくさんのことを伝えても記憶に残らないことが多い。しかし，子どもによっては，聞いて覚えることが苦手でも，見て覚えることは比較的得意な場合もあり，メモを提示するなど個人の特性に応じて支援の手立てを考えることが大切である。

参考文献

佐久間宏（2018）「知的障害児の視覚パターン認識に関する研究――模写テストを中心として」『作大論集』8, pp.29-48.

山口真希（2012）「知的障害児における数概念の発達と均等配分の方略」『発達心理学研究』23, 2, pp.191-201.

（立田瑞穂）

Q 35　知的障害の生活上の困難は？

知的障害のある子どもが生活するうえで直面する困難さとは，人が当たり前にできることの多くができないことだと考える人は多い。子どもが何でも1人でできるようになることが自立への近道だと考えられがちだが，他人を信頼し，頼ることができる関係が増えていくことによって子どもの自立は進んでいく。できないことをできないままに受け止めてくれる人たちの存在や，その子どものもてる力を活かすことができる環境があるかどうかによって子どものつまずきの程度が変わってくることを理解しておく必要がある。

1．自分の身の回りのことの自立に時間がかかる

知的障害のある子どもは，知的発達だけでなく運動発達の遅れを示すことが多い。食事，排泄，着替え，歯磨きなど，基本的な生活習慣が身に付くようになるまでに多くの時間がかかる。このため，家庭だけでなく，学校でも子どもの実態に応じた日常生活の指導が重視される。例えば，毎日の繰り返しで着替えができるようになる子もいれば，洋服の前後がわかるようにマークをつけるなど，手がかりや支援の工夫によって着替えができるようになる子もいる。大切なことは，今その子どものもてる力を活かしてできる方法を考えることである。人だけでなく，物にもうまく頼りながら自立する方法を子どもと一緒に見つけることが，支援者の役割でもある。

2．行動のコントロールが難しい

突然大声を出す，人を叩く，思ったことをそのまま口に出してしまうなど，衝動的な行動が目立つ子どもがいる。周囲から見ると迷惑に感じられることで，結果的に注意や叱責の対象になりやすい。しかし，当の子ども自身も「やってはいけない」とわかっているのに，勝手に体が反応してしまうことで，実は困ったり，傷ついたりしている。衝動的な行動の背景には，自己コントロール力の弱さや，状況の理解や行動の結果を予測する力の弱さなど

が関係している。また，ことばの使用に制約が大きい場合，周囲に自分の気持ちが伝わらない経験が積み重なり，日常的に高い不安やストレスに晒されていることの影響も考えられる。生きていくためには，社会的に望ましい行動を子どもに教えることが必要な場合もある。しかし大切なのは，子どもの問題行動の裏に隠された思いを理解するために，子どもの気持ちやニーズに合わせて共感的に関わり，支援者側の働きかけを調整することである。こうすることで，子どもは自分の気持ちや行動を次第に調整できるようになる可能性がある。

3．コミュニケーションが難しい

ことばを話せることだけがコミュニケーションの要素ではない。知的障害のある子どものなかには，ほとんど発語のない，または発音の不明瞭な者もいるが，その子と丁寧に関わり，意図を読み取れるようになることで相互に理解し合えることが増える（斎藤・岡澤，2016）。つまり，知的障害のある子どものコミュニュケーションが成功するかどうかは，相手側のコミュニケーション意欲・能力にかかっている。近年，日常的に関わる相手が限定されやすい知的障害のある子どものコミュニケーションを支え，他者との意思疎通を促すために，タブレット端末等の使用が促進され，子どもの人間関係や生活世界の広がりが期待されている。昨今，自己選択・自己決定が求められるようになった。周囲に意思表示ができることも大切だが，自分のことをよく知ってくれている家族以外の他者を多く見つけておくことも大切である。

参考文献

斎藤庸子・岡澤慎一（2016）「障害の重い子どもとの共同的・相互的コミュニケーションに関する一考察――子どもの表出を大切にした教育的かかわり合いの視点から」『宇都宮大学教育学部教育実践紀要』2, pp.191-194.

（立田瑞穂）

Q 36　視覚障害の学習上の困難は？

1．視覚障害の児童生徒の５つの学習上の困難なポイント

特別支援学校学習指導要領（小・中学部）では，視覚障害のある児童生徒の指導上の配慮事項として，「的確な概念形成と言葉の活用」，「点字等の読み書きの指導」，「指導内容の精選等」，「コンピュータ・視覚補助具の活用」，「見通しを持った学習活動の展開」の５項目を挙げており，これらが視覚障害のある児童生徒にとっての学習上の困難と解釈できる。

2．的確な概念形成と言葉の活用

視覚は概念獲得上，大きな役割を担っている。例えば，空から「カー」と鳴き声が聞こえた時，晴眼の子どもであれば，顔を上げ，黒い鳥の飛ぶ様子を捉え，それに大人が「カラスだね」と言葉を添えると，今，見聞きした情報と統合させ，その鳥と「カラス」という言葉を紐づけることができる。しかし，視覚を活用できない状態（盲）や活用に制限がある状態（弱視）の子どもたちはそうはいかない。1. とても大きいもの，2. 小さいもの，3. 遠くにあるもの，4. 動いているもの，5. 触ると変化するもの，6. 触れないもの，7. 触ると危険なものを概念化することは，視覚障害のある子どもにとって困難である（佐藤，1988）。さらに，弱視の子どもの場合は，1. 細かい部分の把握，2. 大きな物体の全体把握，3. 全体と部分の同時把握，4. 境界の把握，5. 立体感の把握，6. 運動知覚，7. 遠くの物を見ること，8. 知覚の速度，9. 目と手の協応動作の困難もある（佐藤，1988）。こうした学習上困難な特徴を有する事物については，彼らが確実に知覚できるような工夫が求められる。

3．点字等の読み書きの指導

点字使用者は，点字の字形を学ぶだけではなく，「分かち書き」や「切れ続き」，第一引用符や括弧類などの記号類，各教科で用いられる記号や表記

法などの習得が困難となりやすいので，発達段階に応じて系統的に指導する必要がある。また，点字使用者にとって，漢字・漢語の学習が困難なことが多い。例えば「こうえん」という言葉を点字で読んだ際，「講演」「公園」「公演」「後援」などから，適切な「こうえん」の想起に困難が生じる。また，音声読み上げ機能のあるコンピュータ等による普通の文字の入出力の際にも漢字の知識は必須となる。一方，弱視の児童生徒も漢字の習得は困難である。1987年・2015年に行われた小学6年生対象の漢字書取り調査では，小学2年以上の配当漢字において晴眼よりも弱視の児童の正答率が有意に低かった。その理由は，弱視の子どもは日常的に漢字を目にする，板書中の教師の手元を見る等の視覚による学習機会が制限されていたためであると考えられた。

4．指導内容の精選

視覚障害のある児童生徒が1つの事象を学習するには晴眼の児童生徒よりも時間を要することが多い。それは教材の構造や操作方法，走り方や跳び方などの動作，観察や実験の様子や結果の理解，図表，グラフの読み取り等多岐にわたる。盲の児童生徒は触察により継時的に，弱視の児童生徒は近づいて限られた実視界で見る必要があり，視覚的な入力が制限されることが学習上の困難さとなる。そのため，本質的な内容に重点を置いた指導内容の精選が求められる。

5．コンピュータ等の活用と見通しのある学習活動の展開を目指して

視覚障害のある人の2大困難の1つは情報障害である。そのために，弱視の児童生徒には視覚補助具や拡大，盲の児童生徒には触図や点字デバイス等の効果的な活用が重要である。近年コンピュータ，タブレット，スマートフォン，3Dプリンタ等の活用が成果を挙げている。もう1つの困難が移動障害である。彼らは，場の状況や活動の過程を短時間で把握することが困難である。そのため，視覚障害のある児童生徒が空間や時間の概念を養い，見通しをもって意欲的な学習活動を展開できるように支援することが大切である。

参考文献

佐藤泰正編著（1988）『視覚障害心理学』学芸図書，pp.13-14.　（氏間和仁）

Q 37　視覚障害の生活上の困難は？

1．移動に関すること

白杖の先端から伝わる情報は限られており，また狭い実視野から得られる視覚情報も断片的であるため，視覚に障害のある人にとって単独での移動は容易ではない。すなわち，視覚障害者が1人で移動する際には，出発地と目的地との位置関係や距離，ルート上の様々な手掛かりといった地図イメージを構築した上で歩かなければならない。

したがって，自立活動等における歩行指導は，望ましい姿勢でリズミカルに歩くことや白杖の操作技術だけにとどまらない。自身が保有する感覚（触覚，聴覚，視覚，嗅覚など）を総合的に活用して周囲の状況を把握する手段を系統的に身に付け，それらの情報と頭の中に描いた地図イメージとを照らし合わせながら，安全かつ効率的に歩けるようになることを目指していく。

なお，初めて行く場所や，道路工事などで普段とは様子の違う場所などの歩行は特に難しい。そのため，必要に応じて他者に援助を依頼することも有効である。さらには，「困っている視覚障害者を見かけたら援助の申し出をする」「点字ブロックの上には立ち止まらない，障害物を置かない」といった，周囲の人たちの理解と協力も重要である。

2．日常生活動作（ADL）に関すること

衣服の着脱や食事に始まり，掃除，洗濯，調理といった様々な日常生活動作（ADL）がうまくできない場合がある。その原因としては，他者の動作を模倣して学ぶのが困難であること，「時間がかかるから」「危険だから」などの理由で周囲の大人が視覚障害幼児児童生徒の経験の機会を制限してしまうことなどが考えられる。

しかし，視覚障害児に対しては「基礎的･基本的な事項から着実に習得させること」が非常に効果的である。例えば，指導をためらいがちな包丁の操

作も，段階を踏んで指導すれば熟達が可能である。最初は，安全に留意した上で，包丁全体の形状や各部の名称，どこをどのように触ると危険かなどを時間をかけて理解させる。次に，必ずまな板の同じ場所に，同じ向きで置くことを習慣化し，実際に切る練習では，大きさ，硬さ，安定性，断面の触りやすさなどを考慮して食材を選ぶ（野菜ならきゅうりなど）。

また，手指の巧緻性を高める指導，弱視児の場合は目と手の協応動作を高める指導，視覚に頼らずに操作しやすい道具の選定なども，日常生活動作を確実かつ効率的に行うのに有効である。

３．コミュニケーションに関すること

視覚障害のある幼児児童生徒は周囲の状況を即座に把握することが難しく，そのことが他者との円滑なコミュニケーションを妨げてしまう場合がある。例えば，相手の表情を視覚的に捉えられないために，相手の意図や感情の変化を読み取ることが難しい。また，その場にいる人たちの様子が分からないために，自分から積極的に集団活動に入っていけなかったり，不安な気持ちになったりすることも多い。

指導内容としては，相手の声の抑揚や調子の変化などを聞き分けて話し相手の意図や感情を的確に把握すること，部屋の広さや相手との距離に応じて声の大きさを調整することなどが考えられる。一方で，周囲の人の方から積極的に会話のきっかけを作る，周囲の状況を丁寧に言葉で伝えるといった配慮も有効である。

参考文献

視覚障害者調理指導研究会編（1981）『視覚障害者の調理指導』日本盲人福祉研究会．

全国盲学校長会編著（2016）『見えない･見えにくい子供のための歩行指導Ｑ＆Ａ』ジアース教育新社．

（青柳まゆみ）

Q 38　聴覚障害の学習上の困難は？

1．学習上の困難とその背景

聴覚障害児は，小学校3年生以降，顕著に学業成績が伸び悩むことが指摘されており，その背景として言語的な能力の弱さが考えられている。一般に，言葉はまず生活体験に基づいた生活言語（「りんご」「食べる」「嬉しい」等）が獲得され，それを土台としてより抽象的な学習言語（「経済」「創造」「進化」等）が習得されていく。教科学習を進めるにあたっては，生活言語および学習言語の十分な習熟が必要となる。しかし，聴覚障害児は，聞こえないことによって生活言語の獲得が不十分になりやすく，それによって生活言語の上に成り立つ学習言語の習得にも困難が生じてくる。聴覚障害児教育では，このような特徴のことを「5歳の坂」，「9歳の峠」と呼んでいる。

「5歳の坂」とは，生活経験をことばに置き換える（生活言語の力を養う）時期に困難が生じる状態を指す。一般に，生活言語は自らの経験を相手に伝えたり，相手の経験を聞くことでどのような状況かを考えるといった経験を通して獲得していく。聴覚障害児の場合，聞こえの困難に伴って，我々が自然と耳にするような会話内容を聞くことが難しく，十分なことばのやりとりができないために，5歳の坂に直面する。そのため，特別支援学校（聴覚障害）幼稚部などでは，相手の話を聞く態度（傾聴態度）を育成すること，さらに，実際に聴覚障害児同士の話し合い活動の場を多く設けることで，この時期の困難を低減するように働きかけている。

「9歳の峠」とは，小学校3～4年生段階の特徴で，自らの経験とは切り離された内容を学ぶ（学習言語の力を養う）時期に，学業成績が伸び悩む状態を指す。学習言語の習得には，生活言語に基づいて，かつ，読み書きの活動を通して，自己の経験とは関係の無い内容を学習していくことが肝要である。しかし，聴覚障害児は土台となる生活言語が不十分なままに教科学習へと移行してしまうため，学習言語を用いてより抽象的な学習内容に入る小学校3年生段階以降の学習につまずいてしまうことが多くみられる。

2．学習上の具体的な困難場面とそれに対する指導

生活言語や学習言語が十分に培われていないままに教科学習を進めることは非常に困難であり，そのような聴覚障害児に対する指導には多くの工夫が必要となる。例えば国語科の学習においては，新出語彙の意味を確認することはもちろん，既出の語彙であってもその語彙が表す意味を聞いたり，以前に学習した際はどのような文脈で用いられていたかを確認したりするほか，類義語，対義語などとも関連付けて確認するなど，ことばに関する非常に丁寧な対応が求められる。算数科の場合には，四則演算など手続き的に覚えている事柄であっても，細やかな確認を行う必要がある。例えば，「整数÷小数」を行う上で，割る数と割られる数のどちらにも同じ数をかければ，解は不変であることを繰り返し確認しておくことで，中学校以降で学習する文字を含む式の計算にも応用させることができる。さらに，理科の学習にも注意が必要である。例えば，BTB溶液を用いた水溶液の性質に関する実験や，石灰水が白濁するなどの気体の性質に関する実験などは，目に見える変化が生じるため，現象そのものは理解できる。しかし，変化そのものに気を取られ，その背景となる知識まで理解が及ばないことも少なくない。なぜBTB溶液を用いるのか，石灰水を用いるのか，水溶液の色が変化したことは何を意味するのか，などを健聴の児童生徒以上に丁寧に問いかけ，聴覚障害児自身のことばで語らせていかなければ，十分な学習には至らない。

また，聴覚障害によって生じ得る困難として，複数話者が存在する学習場面が挙げられる。例えば，4～5名でのグループ活動の場合は，頻繁に話者が切り替わることで，誰に注目して話を聞けば良いのか分かりづらく，本来の学習内容とは関連のない話題が挙げられることもあり，聴覚障害児にとって状況理解が困難になりやすい。そのため，グループ活動を実施する際には，聴覚障害児が所属するグループの様子を確認し，必要に応じて，これまでに決定した事項の整理や話題の軌道修正等の関わりを持つ必要がある。

（茂木成友）

Ｑ 39　聴覚障害の生活上の困難は？

１．聴覚障害のある幼児児童生徒の生活上の困難の実態

聴覚障害はよく「聞こえない障害」と誤解されるが，実際は「聞こえづらい」という状態像を示す者も少なくない。その聞こえづらさは個々によって異なり，「小さな音が聞こえづらい」という事例や「低い音は聞こえるが高い音はほぼ聞こえない」といった事例も存在する。また，聴覚障害のある子どもは補聴器や人工内耳などの聴覚補償機器を装用する場合が多い。しかし，これらの機器を使用したとしても，聞こえの困難さが完全に解決されるわけではない。そのため，聴覚障害のある子どもは，相手の発言を正確に理解するために，話者に注意を向け，相手の口形や表情なども読み取りながら，自身の聴覚を最大限活用している。たとえ聴覚的理解に問題がなかったとしても，音声が用いられる状況下では，多くの労力を割いている点を忘れてはならない。手話等の視覚的コミュニケーション手段を用いることが可能であれば，これらの困難さは大きく軽減するが，聴覚障害のある当事者も含め，手話を使用できる人口が少ないという問題もある。

２．学校生活場面で生じる困難

子どもの学校生活を考えた際に，教室での授業時間がその多くを占める。しかし，聴覚障害があると，教師の発言が正確に聞き取れないという問題が生じる。内容が十分に理解できないままで授業が進んでいくことは日常的であり，聴覚障害のある子どもが多くの労力を割いている現状を理解する必要がある。教師の発言のみでなく，クラスの友人の発言を聴取する際にも困難が生じる。教室では児童生徒は全員が前向きに座っていることが多いために，友人の口形を読み取ることが難しく，発言内容が理解できないことも少なくない。その発言が冗談交じりであり，クラス全体が笑いに包まれた際は，その状況を理解できず，孤立感を抱えるといった問題も生じ得る。さら

に，近年では主体的･対話的で深い学びが求められるようになり，話し合い活動を取り入れる授業が増えた。聴覚障害のある子どもの聞こえは，騒音下で極端に低下することが知られており，これらの話し合い活動においては，聴覚障害のある子どもは一層負担を強いられることになる。

これらの困難さには，要約筆記等の情報保障を提供し，他の子どもと同様の学びが行えるような環境を整える必要がある。さらに，①机や椅子から生じる騒音を減らす，②音声を補聴機器に直接届ける補聴援助システムを活用する，といった「聞きやすい環境づくり」，①口頭の指示のみでなく板書等の視覚情報を用いる，②話者の口元が見やすいように配慮する，③話しかける前に肩を叩く，といった「見てわかりやすい環境づくり」が求められる。

教室以外では，例えば，体育の授業で笛やブザー音などが用いられることが多い。高い音を聞き取ることが苦手な場合，これらの指示に気づくことができず，活動を楽しめない可能性もある。授業以外でも，チャイムや校内放送など，学校内では様々な音が生じている。休み時間では，賑やかな環境の中で友人とコミュニケーションを図るといった負担も生じるであろう。教室内の様子のみでなく，学校での様子を包括的に評価した支援が求められる。

３．学校以外の生活場面で生じる困難

学校以外の生活場面で生じる具体的困難として，通学中に「自動車の接近に気づけず危険な目に遭う」，「電車やバスの緊急時のアナウンスが伝わらない」といったことが想定できる。基本的には聴覚情報を受容できないという困難は学校内と同様であるが，学校との大きな違いは「周囲の理解･援助の有無」にあると思われる。様々な状況下での情報アクセシビリティの向上が社会に求められる一方で，聴覚障害のある子どもが，困難な場面に立ち会った際に，周囲からの援助を待つのではなく，自ら援助を要請する姿勢を形成することも重要になると思われる。その際は，近年発展の目覚ましいスマートフォンやタブレットなどのICTの積極的活用も望まれるであろう。

（田原　敬）

Q 40　肢体不自由の学習上の困難は？

1．肢体不自由のある幼児児童生徒の学習について

肢体不自由のある幼児児童生徒（以下，肢体不自由者とする）とはどのような子どもたちを指すのであろうか。学校教育法施行令第22条の3では「肢体不自由の状態が補装具の使用によっても歩行，筆記等日常生活における基本的な動作が不可能又は困難な程度のもの」とされている。本稿では，これを踏まえて，肢体不自由者の学習の困難にかかわる要因について解説する。

2．学習の基盤となる「姿勢・運動」の困難さ

各教科の学習を行う際に学習者がどのような姿勢や運動を行っているかを想像してほしい。教師の話を聞く，教科書を読む，黒板を見る，筆記用具を操作する等が思い浮かぶ中で，最も基本的かつ学習活動の基盤となる「イスに座る」「姿勢を保つ」といったことは通常，想起されにくい。肢体不自由者においては，この点に困難さが見られることが少なくない。特に体幹（胴体）が不安定な場合は，左右のどちらかに身体が傾いてしまい，その結果，上肢（腕）の操作が困難になり，筆記用具が扱いにくくなるといったことが生じやすい。さらに，姿勢が崩れることによって，疲労が生じ，教師の話を聞くことや黒板に示された情報を適切に読み取ることにも影響が生じる場合がある。この場合は，イスや机の高さを調整することや座面にすべり止めシートを敷くなどの工夫が有効なこともある。あわせて，肢体不自由者が学習場面において自ら姿勢を調整するよう促す指導も考えるとよい。また，上肢の運動まひや関節変形などにより，鉛筆やはさみなどの用具操作が困難な場合は，自助具（動作が自分で行いやすいよう工夫された道具）やタブレット端末を活用することで，学習に取り組みやすくなることがある。車いす等を使用する肢体不自由者については，体育の実技や運動会等の行事活動への参加に困難さが生じやすい。この点でも，学習する内容の取扱いや教材･教具の創意

工夫を通して，学習集団から排除されることのないよう努める必要がある。

3．認知特性に基づく学習の困難さ

肢体不自由者は，学習上で大きなつまずきが無いように見えても，一度に大量の文字や言葉が提示されると，読む･聞くことが難しくなる場合や複数の似たような形を見分ける･見比べることなどに困難さが生じる場合がある。この傾向は，脳性まひのような脳疾患に起因する肢体不自由者において特に多く見られ，学習定着が十分に図られない，誤った理解を修正することができないまま，単元が進行してしまうことがある。この場合，ある時点で突如として学習の困難さが生じたように感じられるが，実際にはかなり前から学習の困難さが生じていたと考える必要がある。このような学習の困難さの背景要因として，肢体不自由者の「認知特性」に着目し，情報提示の方法を工夫することで学習上の困難さを克服しやすくなる。例えば，学習を行う上で，重要な情報については，視覚と聴覚の両方を活用できるよう教材を工夫することや文字サイズやフォントを調整することなども効果的であろう。

4．表現する力の困難さ

肢体不自由者の学習指導において頻繁に取り上げられる学習上の課題として「表現する力」がある。学習活動は，話し言葉，書き言葉，絵画や歌唱，さらには発声や表情･身振りに至るまで，学習者の表現によって成り立っている。この基盤となっているのは日常生活や学校生活における様々な「体験」であるが，肢体不自由者は，身体の動きの困難さに由来する「体験の不足」により，表現に対する困難さが増幅しやすいと考えられてきた。また，実際には豊かな内的感受性を有する肢体不自由者であっても，書字等の困難さにより，短く単調な文章で作文を書くといったこともある。そのため，各教科の指導においては，教材･教具の工夫や適切な配慮に基づき，肢体不自由者が自身の身体や五感を活用した学習場面の設定が求められる。この際，自身が感じた事柄を「書く」「話す」「歌う」「表情や身振りで表す」といった表現場面をセットにすることに留意したい。　（船橋篤彦）

Q 41　肢体不自由の生活上の困難は？

1．日常生活動作の困難さ

もし，あなたが両脚の骨を骨折し，3か月間，車いすを使用して生活しなければいけない状況になったとしたら，日常生活を送る上でどのような「困難さ」が生じるであろうか。まず思い浮かぶのは，移動することの困難さであろう。外出することのみならず，自宅の中を移動する際にも様々な制約が生じる。加えて，入浴や排泄，着替えをすること等も骨折前には想像もしなかった不自由さを感じるに違いない。これらの不自由さは，骨折の修復と共に軽減され，順調にいけば，骨折前と同じ生活が送れるようになる。他方，疾患等により四肢（上肢･下肢）や体幹（胴体）の機能障害を有する者，すなわち肢体不自由のある幼児児童生徒（以下，肢体不自由者とする）の多くは，発達の初期段階から，意のままに身体を動かすことの困難さを抱えながら生活を送ることになる。まずは，この点に留意して欲しい。

日常生活動作（Activities of Daily Living）とは，日常生活を送る上で不可欠な基本的行動を意味する。上述した移動，入浴，着衣などに加えて食事や排泄なども含まれる一連の行動群である。肢体不自由は，脳や脊髄等の神経の損傷によるもの，筋肉や骨の病気によるもの，事故による手足の損傷など様々な原因よって生じる。その中には，日常生活動作に大きな支障がない者もいれば，そのほとんどに手厚い支援が必要な者もおり，幅広い実態差があることを理解する必要がある。肢体不自由者が主体的に生活を営む力を身に付けるためには「本人ができること･できつつあることは見守りながら，必要最低限の支援を行う」ことが指導のポイントとなるのである。

2．コミュニケーションの困難さ

肢体不自由者の中には，音声言語を介して他者と意思疎通を図ることが困難な者もいる。この中には，音声を発することはできるが，他者に理解してもらうことが難しく困っている者，音声を発することが難しく，欲求や要求が生じた際にも伝える手段がなく困っている者などが含まれる。これらの者は，結果的にコミュニケーションへの意欲を減退させる（相手に伝わらないことに伴う諦め）ことに繋がりやすい。そのことが前述した日常生活動作の獲得を妨げ，「支援を待つ」という受動的な態度形成に発展することも少なくない。よって，肢体不自由者の中には，言語を「理解」することには大きな支障がなく，言語を「表出」することの困難さが目立つ者が存在することを認識しておくべきである。ひらがなが記載された文字盤やタブレット端末などを活用することにより，自らの欲求や要求を表現できる機会を設定することで，コミュニケーションへの意欲を高めることが指導のポイントとなるのである。

３．自立に向けた社会的経験の不足

子どもは，日常生活や集団活動を通して，ルールや社会的マナー等を理解し，場に応じた行動を身に付けていく。時には他者との衝突なども経験し，自らの思いや主張に折り合いをつけることも学び，このような社会的経験の蓄積が，生きてはたらく生活の力となるのである。肢体不自由者においては，上述したような社会的経験の不足が生じやすく，「生活年齢よりも幼い振る舞いが目立つ」といったことが語られることも少なくない。この背景には，同年齢や異年齢の子どもたちと関わる経験量が少ないこと，年齢や発達水準に応じた振る舞いを（大人から）求められる機会が少ないこと，そして，「支援を受けること」が自然なことになり過ぎているあまり，主体的に行動を起こす機会が少ないことなどが影響している場合がある。自立とは「すべてのことを独力で行うこと」ではなく，「必要な助力を得ながら，自らの意思に基づき生活を営むこと」である。肢体不自由者の自立に向けた視点として，日常･学校生活を通して，他者と学び合うことや援助を要請することなど，年齢と発達段階に応じた指導がポイントとなるのである。

（船橋篤彦）

Q 42　病弱・身体虚弱の学習上の困難は？

1．学習空白

病弱･身体虚弱の子どもについては，病状や治療によって学習の継続が難しい期間や履修が難しい学習内容が生じること（学習空白）が学習上の困難の1つとして挙げられる。これらの学習空白や学習空白による学習の遅れを補完し学力を補償することは病弱･身体虚弱児のための教育である病弱教育の意義の1つでもある。

学習空白の様相は多岐にわたる。学習の継続が困難な期間は個々で異なることに加えて，その期間が病気に罹患し治療が開始した時から始まるわけではなく，病気が発覚する前や治療開始以前に体調不良の中で日常生活を続けていた時期にも十分な学習ができない可能性も高いため，学習空白の期間を明確に同定することは難しい。また，近年の小児医療における入院の短期化や頻回化に伴い，学習空白の期間がまばらに生じるケースも増えてきている。さらに，学習到達度には十分に反映されないような学校教育における様々な学びにおいても学習空白は生じる。例えば，学校生活に関連する内容や集団生活の中で育まれる社会性や自主性等の年齢相応の発達が妨げられる場合もある。

これらの学習空白を子ども自身が把握することは困難であるため，教育を行う上で指導者は対象児の学習空白に適切に対応するために，的確な実態把握を行う必要がある。そのためにも，指導者には子どもの心理発達や学習内容の系統性に関する深い理解が求められる。

2．学習の制約

（1）学習時間の制約

病弱･身体虚弱の子どもについては，特別支援学校（病弱）や特別支援学級等において教育を受ける環境が保障されていたとしても，その時間が限られる場合がある。学習時間の制約は治療のスケジュールや内容，あるいは治療方針など医療との関係において生じる場合もあれば，病状等子どもの心身面との関連から生じる場合もある。

（2）学習環境の制約

特に病院内で教育を行う際には，教育環境が限局的にならざるをえず，幼稚園や小･中学校等で通常用いられる教材や教具を使用できない場合も多い。病院内の衛生管理面の配慮として植物や土などの持ち込みが制限される医療機関も多く，特に生活科や理科等の学習においては教材･教具の工夫が必要になる。また，子どもの病状によっては指導者がベッドサイドや無菌室等で教育を行う場合もあり，学習環境により制約が生じる。

さらに，病院以外の学習環境においても，病気によってはアレルゲン除去及び回避等のアレルギー対策や，感染症への対策等が必要な病弱･身体虚弱児も少なくないため，健康な子どもと全く同じ環境での学習が難しい場合もある。

（3）身体活動の制限

様々な病気において身体活動が制限され，遊びや体育等身体活動を伴う学習などへの参加が困難になる場合がある。制限の程度は同一疾患でも異なる場合があるだけでなく，同じ子どもにおいても病状によって変化する。特に制限の多い場合には安静の必要性や移動範囲の制限もある一方で，ほぼ健康な子どもと変わらず生活できるが運動強度の高い活動のみ制限があるという場合まで様々である。また，身体活動の制限は運動強度だけではなく，病気や治療によっては紫外線対策が必要なものや，骨折や出血しやすいためにけがをしないように安全面への配慮を要するものもある。

したがって，指導者は医療や保護者と連携し制限の内容を把握した上で学習を成立させるための工夫をすることに加えて，医療や保護者から要請のない過度の制限を加えないように留意する必要がある。

（深澤美華恵）

Q 43　病弱・身体虚弱の生活上の困難は？

1．医療と生活の両立

病弱･身体虚弱とは「慢性疾患等心身の疾患が継続して医療又は生活規制を必要とする程度」，あるいは「身体虚弱の状態が継続して生活規制を必要とする程度」と説明されることが多い。医療とは，入院や通院，服薬等を指し，生活規制とは，健康であれば必要のない生活上のルール（例えば，食べてはいけないものがある，運動の制限がある等）を指す。これらの医療及び生活規制は，病弱･身体虚弱児の日常生活と不可分であるため生活上の様々な困難が生じる。

幼少期や児童期前期には，医療や生活規制の場面において周囲の大人による管理が必要になることも多く，子どもは受動的にならざるを得ない。したがって，医療や生活規制がより濃厚に必要な子どもほど，生活の中で受動的な態度を求められる時間が長くなる。こうした受動的な環境下での成長･発達を余儀なくされることが，年齢相応の積極性や自主性の発達を阻害する場合がある。

児童期後期以降からは，医療や生活規制の場面で子ども自身が管理の主体となる場面も増えてくるが，その一方で，この時期に特有の心理特性が関連して，同年代の他者との集団生活の中で医療や生活規制に関する事項を遂行することが困難になることが指摘されている。この時期の子どもに見られる自意識や同調意識の高まりは，健康管理上必要なことであったとしても他者と違うことを集団生活の中で遂行することを困難にし，病状の悪化等を招く場合もある。さらに，医療や生活規制に伴い集団参加ができないこと等が自己肯定感の低下をまねいたり，集団の中で誤解や誤認識によるいじめやからかい等を経験するなど心理社会的な課題が生じやすい時期でもある。

医療技術の進歩及び在宅医療の推進を受け，家庭で治療等を継続しながら地域で生活できる病弱･身体虚弱の子どもが増加してきた反面，日常生活と医療とを家庭や学校等で両立するための支援の必要性がより増してきている。

２．自己管理能力

自己管理能力とは病弱･身体虚弱児が治療（健康）管理上必要な対応を可能な範囲で自分自身で行う力であり，この自己管理能力の育成は病弱教育の意義の1つでもある。自己管理能力の育成には，病気を改善･克服するための知識，技能，態度及び習慣や意識を培うことが必要とされるが，学校等での自己管理の遂行には困難がある場合も少なくない。学校等における「自己管理の乱れ」は，外見上は同一の行動でも様々な要因により生じているため，要因を探りそれに応じた支援を検討する必要がある。

例えば，年少者の場合には服薬の方法や必要性等の知識や技能の習得が不十分であることや，学校等の環境下での自己管理が習慣化できていないことが要因となり自己管理上の課題が生じることが多い。その一方で，年齢が上がると，周囲の目が気になったり，あるいは闘病意欲の低下等によって，「やりたくない」という思いが強まることで自己管理上の課題が生じることが多い。その場合には，知識や技能の問題ではなく，態度や意識の低下による自己管理の不足と捉え，さらにその要因を丁寧に探る必要もある。特に，慢性の経過を辿る慢性疾患等の治療の中には，病気を治すためにする治療ではなく，小康状態を保つためにする治療もある。治療に伴う苦痛や生活規制に伴う不便さを抱えながらの生活の先に完治という見通しがたたないことが，闘病意欲の低下につながるため，思春期の慢性疾患患者における服薬コンプライアンスの不良は医療においても課題とされている。

（深澤美華恵）

Q 44　重度・重複障害の学習上の困難は？

1．個々の障害やそれらの重なりによる教科学習の困難

重度の知的障害があることで，文字や数，言語，その他の概念等の理解に困難が生じる。重度の肢体不自由がある子どもは，筆記や道具の使用等学習に必要な動作が困難である。重度の視覚障害や聴覚障害があると，学びに必要な情報の入力が大きく制限される。重度･重複障害のある子どもは，それらが複数重なっていることにより，発達的にも初期の段階に留まっている場合も多く，教科の内容の習得には著しい困難が伴う。

また，重複する障害の種類や程度によって，一人ひとりの障害の状態が極めて多様であり，一人ひとりの教育的ニーズに応じた個別性の高い指導が重視されている。そのため，多くの子どもは各教科に替えて学習上又は生活上の困難の改善や克服を目的とした自立活動を中心として学んでいる。

2．自立活動の指導においても生じ得る様々な困難

ここでは，各障害との関連からではなく，多くの重度･重複障害のある子どもが示す状態像に基づいて，学習上の困難をいくつか挙げる。

（1）体調及び心理的，情緒的な不安定さ

重度･重複障害のある子どもは呼吸機能や体温調節機能，排泄機能，睡眠･覚醒機能等生理的な側面で困難を示す場合が多く，適切な姿勢の保持や室温管理等の環境調整が重要となる。医療的なケアを必要とする子どもも多く，特に体調の変化を自ら他者に伝えられない子どもの場合，表情や顔色の変化，心拍等の生理的なデータ等から体調を把握することが必要となる。また，情緒的に不安定になりやすく，よく慣れた特定の他者以外とのかかわりを苦手とする等の特性も示しやすい。そのため，安定して学習に向かう状況を整えることが難しかったり，その時間が制限されたりする場合がある。

（2）周囲の情報を受容することの難しさ

視覚障害や聴覚障害を併せ持つケースに限らず，周囲の情報（感覚刺激）を適切に受容し，理解することの難しさを示す子どもも多い。特に発達的に初期にある子どもの場合，視覚や聴覚を上手に使うことが難しいことが多く報告されている。例えば提示された教材等を見つめたり動きを目で追ったりすることができなかったり，周囲の物音に過敏に反応してしまったりすることなどが起きやすい。言語理解の難しさ等も併せ持つため，子どもにとって受容しやすい感覚刺激が適切に提示されなければ，学習内容そのものの理解だけでなく，学習活動の流れやこれから何を行うのかといった見通しを持つことも難しくなるため，情緒的な不安定さに結び付くことも考えられる。

（3）周囲に働きかけることの難しさ

多くの子どもは明確な意思表出手段を獲得しておらず，快/不快等の情動表出，Yes/No 等の応答があったとしても，その子独自の手段（発声や表情の変化，身体の動き等）は他者からの読み取りが困難となりやすい。また，運動障害が重度ではない場合であっても，目の前に提示された玩具や音の鳴る玩具に対して手を伸ばす等の運動を起こしにくい子どもも多い。人や物に対する明確な興味･関心や意図的な接近行動（近づいたり，手を伸ばしたり，注意を向けたりすることも含む）が生じにくく，外界への働きかけとその結果の確かめを繰り返す中で「ああすればこうなる」といった因果関係を理解することや他者との係わりの基礎を築くことが難しい。

3．「見た目の重度さ」に関わる学習上の困難

最重度の肢体不自由のある子ども等の場合，実態把握の困難さから実際よりも知的障害が重く捉えられてしまうことがある。ただでさえ多くの時間を医療的ケアや身辺の介助等に費やされやすいなか，子どもにとって終始受動的で変化に乏しい活動等，実態に合わない学習が繰り返されることで，子どもの「わかっていること」「できること」が発揮されたり，引き出されたりしないままになってしまう恐れがある。このような実態把握や適切な学習内容の設定の困難さも，重大な学習上の困難であると言える。　（寺本淳志）

Q 45　重度・重複障害の生活上の困難は？

ここでは，各障害との関連からではなく，多くの重度･重複障害のある子どもが示す全般的な状態像に基づいて生活上の困難をいくつか挙げる。

1．健康面について

医療的ケアがあり常時医学的な観察が必要な子どもに限らず，呼吸や体温調節，睡眠･覚醒，摂食･嚥下等の生理的な諸側面に弱さを示す子どもが多く，体調を悪化させるリスク要因が様々考えられる。脳性麻痺等により常に不随意的に強い筋緊張があったり，独力での姿勢の保持や変換ができなかったりする場合，側弯等の変形や関節の拘縮，又は褥瘡等が発生するリスクもある。また，誤嚥性肺炎や，移乗時や着替え時の骨折等，日常生活上の介助に伴う病気やけがのリスクもある。痛みや不調を自ら他者に伝えることが難しい子どもも多く，適切な体調管理が行われる必要がある。体調の悪化は子どもたちの生活経験を長期的に大きく制限することにもつながり得る。

2．身辺処理等について

食事や衣服の着脱，排泄などは大部分他者の介助を必要とする子どもが多い。脳性麻痺による全身性の筋緊張の調整の難しさや，側弯等の変形，関節の拘縮がある場合には，食事や着替えの際に一人ひとりの状態に合わせて適切な介助がなされなければ，誤嚥や骨折等も起こりうる。また，他者とのかかわりにおける難しさがある場合，介助の難しさをさらに高めてしまったり，特定の人からの介助しか受けられなかったりという状況も生じ得る。

3．コミュニケーションについて

重度の視覚障害や聴覚障害がなくとも目や耳から周囲の情報を受容することが難しい子どもが多い。また，自発的な運動も制限されやすいことから，他者とのやりとりの前提となるような，周囲の事物や他者を認識してそちらに意識を向けたり，働きかけたりする行動が形成されにくい。

コミュニケーションにおける受信に関しては，言語の理解が難しい場合が多く，運動機能の制限も大きいため，他者からの働きかけを理解し，応答することが難しい。また，自ら外界に働きかけたことの結果としての他者からの応答等，周囲からのフィードバックを受け取ることも難しい。発信に関しては，自分の気持ちや欲求等を他者に伝えることが難しい場合が多い。何らかの意思表出手段を有しているとしても，音声言語等の一般的なものではないことが多く，周囲に本人の思いが伝わりにくい。それらの困難から，他者からの働きかけが乏しくなってしまうと，「〇〇が好きなんだね」とか，「楽しかったね」といった，他者との情動の共有が生じにくくなり，対人関係やコミュニケーションにおける可能性が一層狭められてしまうことにもなる。

4．社会参加や経験・体験の不足について

多くの子どもは独力での移動が困難であり，自らの意思で行きたい場所に行ったり活動に参加したり，といった経験が乏しいため，主体性や物事への興味･関心や意欲等が育ちにくい。車いすを使用しているケースも多く，さらに，体調面の不安定さや，医療的ケアの必要性等がある場合には，日常的な外出すら制限されやすい。特に宿泊を伴う外出となると，移動や滞在中のケアも含めて家族の負担は大きいため，修学旅行等在学中の行事だけに限られるという子どもも多い。また，様々な遊びや余暇活動等，学齢期の子どもたちの多くが経験するであろう様々な経験･体験，社会への参加も極めて乏しくなりやすい。特に同年代の子ども同士のかかわりの経験は特別支援学校においても乏しくなりがちであり，居住地域においてはなおさらである。

もともと周囲の情報を受容したり，周囲に意識を向けたりすることに制限がある子どもたちにとって，色々な人とかかわる機会や，色々な事物に実際に触れたり，自ら経験･体験することが不足することで，より一層周囲の事物や人への興味や関心の広がりが制限されてしまう可能性がある。

（寺本淳志）

第4章

障害のある幼児児童生徒への支援

Q 46　自閉症（ASD）のある幼児児童生徒に対する支援方法は？

「スペクトラム」という言葉が示すように，自閉スペクトラム症（以下，ASD）のある子どもは，知的障害のない者から知的障害の程度が重篤な者まで知的能力の程度が幅広く，また，ASDの特性も個々によって異なり，彼らの実態は多様である。ASDのある子どもへの支援にあたっては，個に応じた工夫が大切となる。ここでは，そのことを念頭に置いた上で，基本となる彼らへの支援方法を取り上げる。

1．教室等の物理的な環境の調整

ASDのある子どもは，秩序だっていない，整理されていない環境におかれると，自分がどこで何をすればよいのかがわからず不安になる。彼らが環境の意味を理解して学習や活動に参加できるようにするために，物理的な環境の調整を行うことが大切である。例えば，ASDのある子どもの中には，授業とは直接関係のない教室内の掲示物に注意が向いたり，人通りのある廊下側の席だと話し声や物音が気になったりする場合がある。このため，彼らが学習や活動に集中できるように，掲示物の場所や座席配置を考えることが必要である。また，活動によって他の教室を使用する場合にも，どの配置であると彼らが落ち着いて参加できるのかを考えて，あらかじめ座席を決めておくとよい。また，ASDのある子どもは，スペースを特定することに難しさがある。このため，私物をどこに収納するのか，学校生活で日常的に使用する物品や授業で使用する教材教具等がどこに収納されているのかがわかるように場所を決めておくとよい。この際，何をどこに収納するのか（何がどこにあるのか）が明確となるように分類ごとに色分けをしたり絵や文字等の視覚的な目印をつけたりすると，ASDのある子どもは物と場所を対応させて理解することができる。

2．見通しをもつための手がかり（スケジュールや手順表等）の使用

ASDのある子どもは，物事の連続性と活動の開始･終了を理解することに

難しさがある。学校生活の中で次に何をすべきなのか（何が起きるのか）がわからず見通しがもてないと，彼らは不安感を抱いてしまう。また，自分に期待されていることがわからないことで，次の行動に移ることが難しくなる。彼らが一連の活動を理解し安心して学習に参加できるように，また，自信をもって次の活動に自発的に移行できるようにするための手がかりとして，スケジュールや手順表等の使用が挙げられる。

スケジュール等の手がかりの形態としては，実物，写真，絵カード，文字等がある。ここで重要なのは，ASDだからといってどの子どもにも一律に同様の手がかりを用いるのではなく，個々の子どもの発達段階や認知能力に応じたものを準備することである。

３．情報の伝え方と整理

ASDのある子どもは，「もうちょっと」「適当に」等といった曖昧な表現を理解することに難しさがある。彼らが自分は何をすることを求められているのかがわかるようにするために，回数や分量を明確に示すこと，やるべき内容を具体的に伝えることが大切である。この時，口頭だけではなく視覚的な手がかりを用いると，彼らはやるべきことを具体的にイメージすることができ，教師等からの指示を理解しやすくなる。

ASDのある子どもは，一度に複数の情報を処理することが難しい。このため，指示は1つずつ伝える，また，複数の情報を伝える場合には，その内容を板書したり紙面に書き出して提示したりすると情報が整理され，混乱を防ぐことにつながる。

以上の支援を行う前提には，ASDのある子どもと関わり手との関係づくりが不可欠である。個に応じた支援を行うためにも，関わり手がASDのある子どもとの交流を通じて彼らのものの捉え方（認知様式）を理解し，それを尊重する姿勢が大切である。

参考文献

国立特別支援教育総合研究所（2020）『特別支援教育の基礎・基本2020――新学習指導要領対応』ジアース教育新社．

（柳澤亜希子）

Q 47　注意欠陥多動性障害（ADHD）のある幼児児童生徒に対する支援方法は？

1. 特性によって生じる困難の理解

衝動性や多動性がある場合には，じっと座ることを要求されている場面において，手足をそわそわ動かす，もじもじするなど終始身体のどこかが動いている，授業中に離席したり走り回ったりする，高いところへ登る，質問の途中で出し抜けに答える，しゃべり始めると止まらない，順番を待てない，他児の作業に横から手を出すなどの様子が見られることがある。不注意の特性がみられる子どもは，指示に従って課題を最後までやり遂げることが困難である，話を聞くべき場面でぼーっとしている，効率のよい方法を選択することができない，忘れ物や紛失物が多い，約束やスケジュールなどを忘れるなどの様子が見られることがある。

ADHDのある子どもは，その特性によって，衝動性や多動性が主に認められる場合と，不注意の特性が主に認められる場合，それらが組み合わさって出ている場合がある。いずれの特性が出ている場合でもADHDのある子どもは,「してはいけないとわかっているのに，気づいたらその状況（場面）に陥っている」という気持ちを抱いていることが多い。わざとそのような行動や状況を作り出しているわけではないことを理解し，子ども自身が状況や場面に応じた適切な行動や工夫を主体的に行えるように支援していくことが大切になる。

2. 肯定的評価と「できた」の積み上げ

ADHDの子どもへの支援の基本として,「できていないことの指摘よりできていることを認識させる」声かけや肯定的な評価を行なうとよい。ADHDの子どもは，本人が気づかないうちに周囲から問題視される状況に陥ることが多く,「わかっているのにできない」という経験が積み重なり，自己肯定感が低下し，二次障害に陥りやすい。こうした状況を防ぐためにも，「できる」場面に気づかせる環境調整や課題設定を行い，スモールステップで「できる」ことや場面を積み上げていくことが大切である。

「望ましい行動や判断」を支援していくための有効な方法の1つに，トークンエコノミーがある。これは決めた「行動や課題」が遂行できた場合に，その結果に対してシール等を与え，それを表などに貼って視覚化し，一定数たまるとご褒美と交換できるシステムである。決めた「行動や課題」を達成させることで，どのような利益が自分に還元されるのかが明確になり，努力やセルフコントロール，達成感を生みやすく，結果的に望ましい行動が定着しやすくなり，習慣化することが可能になる。このシステムを採用する場合には，どのような目標を立て，どのような条件であれば「できた」と判断するかを子どもと一緒に決めることが大切になる。子どもが納得して挑戦できる課題を設定することが大切である。また，望ましい行動ができた時には，その場でできるだけすぐに，褒めるポイントを具体的に子どもに伝えることが大切になる。単に「よくできたね」だけではなく，「○○○を○○できたことがすごくいいね，頑張ったね」など，具体的に表現することを意識する必要がある。

衝動性の高い子どもは，子ども自身の意識の中にアイデアや注目が芽生えた瞬間（興味が湧いた瞬間）に即時的に行動に移っている。この衝動性は時に危険な状況や突発的な事故を引き起こすことがある。日頃からその子の興味関心のあるものや気になっていること，感情や心の動きを理解し，子どもの衝動的な行動や反応を予測して向き合うことも，危険な状況やけがや事故などを避けるためには大切である。また，衝動性には，感情の起伏の激しさとして受け止められることもある。子ども自身には「わかっていても抑えられない」感情の高まりがあることを理解した上で，感情のコントロールを促せるように，クールダウン（心を落ち着けること）ができる物理的な空間やルールを定めておくことも，子どもがセルフコントロールできる力を育むために有効である。こうした「自分でコントロールできた」経験を積み重ねて，子ども自身がどうしたらうまくいくのかを獲得できるように支援することが大切である。

（山口明日香）

Q 48　学習障害（LD）のある幼児児童生徒に対する支援方法は？

1．聞くことが苦手な子どもへの支援

聞くことが苦手な子どもには，日常の中にあるたくさんの情報から必要な音声情報を選択して聞き取ることが苦手，感覚が過敏であるなどの様子が見られる。このような子どもには，話し始める前に「先生の方を見てください」と注意喚起してから話し始める，簡潔にゆっくりはっきりと大きな声で指示するなど，大切な情報に注意が向くようにするなどの支援がある。

2．話すことが苦手な子どもへの支援

話すことが苦手な子どもには，話したいことを記憶に留め，順序立てて話をすることが苦手である，適切なことばを選んで使用することが苦手であるなどの様子が見られる。このような子どもには，メモを用いて話の内容を整理する，話し方のひな形を示す，子どもが伝えたいと思っている内容に対して言葉を補足するなどの支援がある。

3．読み書きが苦手な子どもへの支援

読むことが苦手な子どもには，文字のまとまりを単語として捉えることが苦手である，文章を目で追うことが苦手で，どこを読んでいるのかわからなくなる，似ている文字を間違って読んでしまうなどの様子が見られる。このような子どもには，文章の単語をマルで囲んでまとまりを意識させる，行間を広く空けて見やすくする，読んでいる部分のみに注目できるよう，その他の部分を目隠しする（図4-48-1）などの支援がある。

図4-48-1

書くことが苦手な子どもには，文字の形を正しく捉えることが苦手である，板書を書き写すのに時間がかかる，手指の運動や力加減がうまくいかず運筆が難しいなどの様子が見られる。このような子どもには，穴埋めプリントなどを使用して書く負担を減らす，マス目や罫線のあるノートを使用する，鉛筆の芯がやわらかく使いやすい物を使用するなどの支援がある。

４．算数や推論が苦手な子どものための支援

算数や推論が苦手な子どもには，式の成り立ちや文章題で書かれている内容をイメージすることが苦手，図形の全体を捉えたり空間で捉えたりすることが苦手であるなどの様子が見られる。このような子どもには，具体的なイメージが持てるよう絵を使って説明する，展開図を作成する，図形を様々な方向から見るなどの支援がある。

５．LDのある幼児児童生徒が抱える困難さ

LDの子どもは学習面の困難だけでなく，粗大運動や微細運動などの運動能力，注意力や手はずを整える能力などの社会的行動に関する能力，位置感覚や時間の判断などにも困難がある場合がある。例えば，運動に課題がある子どもには動きの流れを図や写真で段階的に示してイメージしやすくする(図4-48-2)，手はずを整えることが苦手な子どもには物事の順序を絵カードや写真で示す，片付けが苦手な子どもや物をなくすことが多い子どもには物を置く位置を決めて示すなどの支援がある。

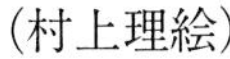
（村上理絵）

図4-48-2

Q 49　言語障害のある幼児児童生徒に対する支援方法は？

1．言語障害のある幼児児童生徒に対する支援体制

言語障害の状態や種類は幼児児童生徒によって様々であり，支援法も異なる。そのため，こうした子どもには通級による指導や特別支援学級（言語障害）において，個別又は小集団による指導が実施されることが一般的である。特に，通級による指導を受ける場合，例えば学級担任や通級による指導の担当者など，複数の教員が連携し，1人の子どもに関わることになる。さらに，保護者や医療機関等を含めた連携も求められる。そのため，個別の指導計画の内容や目標について，関係者間で共通理解を図っておくとともに，それぞれが役割分担をしながら指導を進めていくことが必要である。

なお，言語障害に対する詳細な支援方法については，専門書を講読いただきたい。本稿では，支援の方法や在り方についての概要を述べることとする。

2．言語障害のある幼児児童生徒に対する支援方法

（1）実態把握や支援の際の留意点

社会生活を送る上で，言語によるコミュニケーションの果たす役割は大きく，環境との相互作用が大きく影響するため，子どもの学校生活に大きな影響を与える。つまり，子どもを取り巻く環境の在り方が，言語障害の状態に大きな影響を与える。言語障害の状態が同程度であっても，周囲がその子どものことを障害も含め認めることができているか，あるいはその障害に対していじめやからかいが起こったり，無理解の状態になっていたりするかによって，言語障害のある子どもの生活の質は大きく異なるだろう。そのため，支援の内容を検討する際には，子どもの言語障害の状態のみにとらわれることなく，周囲との関係についても情報を収集することが必要である。したがって，支援及びその評価にあたっては，保護者や学級担任，友人等との

関わりの状態なども考慮に入れ，子どもがコミュニケーションを図ることへの意欲を高め，喜びを感じられるよう配慮することが必要である。

（2）支援の実際

ここでは，学校現場で単独の言語障害として取り扱われる構音障害，言語発達の遅れ（障害），吃音に対する支援の実際について述べる。

まず，構音障害の指導については，器質的には問題のない発達性（機能性）構音障害の支援について述べる。正しい音の聞き分け（弁別）ができているかを調べ，それができていない場合は，正しい音の弁別ができるよう指導が必要である。ダ［d］音の子音部をささやき声で無声化し，タ［ta］にするなど，正しく構音できる音から目標としている音を導く方法や，うがいを練習することで，ガ［ga］音を導く方法など，正しい構音方法を習得させるための指導が必要である。その他，正しい音を聞かせたり，視覚や触覚，味覚で正しい構音位置を確認させたりし，それを発音や動作で模倣させる方法などもある。

次に，言語発達の遅れ（障害）の支援については，子どもが話し言葉や文字で説明･表現する能力や，他者の意図を文字や話し言葉によって理解する能力が十分発達していないため，語彙や統語，音韻，意味など言語機能の基礎的事項についての個別指導が必要である。例えば絵カードを使い，場面や登場人物の気持ちを考えさせ，基礎的な言語スキルの向上を図る等である。言語の表出が困難な子どもに対しては，ICTの活用を検討することも必要である。

最後に，吃音の支援については，吃音症状の重症度のみならず，子どもがどの程度吃音を避けようとしているか，吃音が本人の学習や生活にどのような影響を及ぼしているか，吃音に対してどの程度正しい知識や認識があるか等を正しく把握し，包括的に支援していく必要がある。吃音症状に対しては，流暢性形成法や吃音緩和法，統合法などがあり，いずれも吃音症状の軽減や消去を目指している。学齢期以降は，吃音に対する悩みや恥ずかしさ，自己否定といった目に見えにくい部分への支援も必要であり，コミュニケーションを図ることへの自信や意欲，楽しさも体感させていく必要がある。

（川合紀宗）

Q 50　知的障害のある幼児児童生徒に対する支援方法は？

知的障害のある幼児児童生徒は，その特有の知的機能により，普段の社会生活を送る中で必要な事項を習得しにくい，誤ったやり方を覚えてしまうことなどがある。そこで知的障害のある幼児児童生徒の適切な学習を促進するために，獲得して欲しい事項を指導する際には，課題分析に基づく支援方法が効果的である。

課題分析とは，買い物のようなまとまった活動を構成するステップを見極め，それらの関連を捉えることである。具体的には，内容の課題分析（観察可能な活動の遂行に直接必要なステップの分析），条件の課題分析（遂行されるステップの数や時間，関連する材料や刺激など，活動に関する条件の分析），前提の課題分析（活動を遂行する上で必要な能力や知識に関する分析）がある。これらの課題分析から得られるステップについてその遂行の有無をチェックし，本人がどのステップでつまずいているかを把握し，支援を考案する。

図4-50-1の上部は「ボタン付シャツを着ること」を各課題分析の視点からステップ分けした一例である。まず，内容の課題分析を行う。活動を大まかなステップで区切り，苦手なところについてはさらにステップを細かく分けるなど，本人の様子を見ながら調整する。図4-50-1の「①ボタンを右手の親指と人差し指でつまむ」「②ボタン穴から通ってきたボタンを左手の親指と人差し指でつまむ」は「4. 前ボタンをはめる」を細かく分けた例である。次に，条件の課題分析を行う。内容の課題分析によるステップを基に，関連する材料の内容や数量などの条件を追記し，その遂行の有無をチェックする。その後，前提の課題分析を行う。これも内容の課題分析によるステップに関連する能力や必要な知識を記述する。この前提の課題分析におけるステップを検討する際には，認知・発達心理学の知見や学習指導要領の内容が参考になる。

これら3つの課題分析はすべての活動に毎回用いるわけではなく，適宜このような視点をもって指導可能なステップとつまずきを見いだすことを目的として，支援に役立てることが重要である。図4-50-1の下部は，「ボタン付シャツ着衣」の各課題分析において明らかになったつまずきに対する支援例である。

	内容の課題分析	条件の課題分析	前提の課題分析
1	□えり元を左手でもつ	□えり元にある小さなタグを見分ける	□小さなものを注視する
2	☑右手をそでに通す	☑やわらかい生地のそでに右手を通す	☑見えなくとも穴に右手を入れる
3	☑左手をそでに通す	☑やわらかい生地のそでに左手を通す	☑見えなくとも穴に左手を入れる
4	□前ボタンをはめる □①ボタンを右手の親指と人差し指でつまむ □②ボタン穴から通ってきたボタンを左手の親指と人差し指でつまむ	□①直径1cmくらいの前ボタンをはめる □②8つのボタンを最後まではめる	□ボタンのような小さなものをつまむ

支援例

	内容の課題分析	条件の課題分析	前提の課題分析
1	• 指導者はえり元のつかむ位置を指さして教える	• えり元のつかむ位置に印をつける	• 色々な大きさのものの中から見本と同じものを見つける練習をする
4	• 初期段階において，本人が達成感を感じられるように途中まで援助する。すなわち，ボタンの半分を穴から通してあげ，本人は通ってきたボタンを左手の親指と人差し指でつまんでちょっと引くだけにする	• ボタンの大きさをつまみやすい大きさに変える • 8つ中，4つまでボタンをとめてあげ，徐々に本人がとめるボタンの数を多くする	• ペグボードのような教材を使ってつまむ練習をする

図4-50-1　ボタン付シャツ着衣の課題分析と支援例

内容の課題分析に対する支援は，分析対象の活動が時間的な流れで構成されている場合，どのステップからどのように指導していくかが鍵となる。活動の性質と本人の実態を考慮しながら，本人が達成感を感じられるように指導することが基本となる。条件の課題分析に対する支援のポイントは，図4-50-1の支援例「ボタンの大きさをつまみやすい大きさに変える」のように，本人が遂行しやすいように環境側の条件や達成基準を調整することである。前提の課題分析に対する支援には，図4-50-1の支援例「ペグボードのような教材を使ってつまむ練習をする」のように，関連するスキルを重点的に指導する学習場面を設定し実行することが挙げられる。

参考文献

Carter, M. & Kemp, C. R.（1996）Strategies for task analysis in special education. *Educational Psychology,* 16 (2), pp.155-170.（五十嵐一徳）

Q 51　視覚障害のある幼児児童生徒に対する支援方法は？

1．指導上の配慮事項

2017（平成29）年告示の特別支援学校小学部･中学部学習指導要領においては，視覚障害のある児童生徒に対する指導上の配慮事項として以下の5項目が挙げられている。①的確な概念形成と言葉の活用，②点字等の読み書きの指導，③指導内容の精選等，④コンピュータ等の情報機器や教材等の活用，⑤見通しをもった学習活動の展開。

2．盲児の支援

盲児は触覚や聴覚を主に用いて学習する。触覚や聴覚の特性に留意し，指導内容の本質を押さえることが大切である。

（1）視覚に依存しない指導･支援

例えば歴史分野では，土器の実物を触ったり，昔の服装をしたり，昔の道具を使ったりするなど，実体験を基にした学習が効果的である。教材を1人に1つ準備し，じっくり触ることができるよう時間を確保することが大切である。大きすぎたり小さすぎたりして触れないものは模型や触図（しょくず）を用いることができる。実験等では光の明暗を音の高低に変える感光器を活用するなど，工夫すれば自分で行うことができる内容も多い。そうした体験を言葉で表して整理することが確かな概念形成へとつながる。日本語は漢字の字義と結び付いた言葉が多いが，点字は表音文字であるため，盲児にも漢字･漢語の指導は重要である。視覚的な模倣ができないため，運動･動作はまさに「手取り足取り」指導する。さらに，例えば月や太陽など，晴眼であれば日常的に経験するものを見た経験がないことを踏まえて指導する必要がある。

（2）点字の教材･触覚教材等

検定教科書を原典とし，点字を常用する児童生徒の学び方に合わせて編集された文部科学省著作点字教科書の他，検定教科書を基に点字出版所が独自に点訳・出版する教科書，点訳ボランティアが作成する教科書を使用している児童生徒もいる。触覚教材については，実物や模型，触図等の充実が求められる。３Ｄプリンターの活用についても期待されているところである。

３．弱視児の支援

弱視児は保有する視力を活用して学習する。見やすい環境を整えるとともに，「見る力」や視覚補助具を活用する力を育てていくことの両面が大切である。前項に挙げた視覚に依存しない指導の工夫も弱視児に有効なことが多い。

（１）見やすい学習環境の整備

① 教室環境　遮光カーテン等で明るさを一定に保ち，室内の照明を調整する必要がある。書見台や斜面机は，視距離と明るさの両方を保つのに役立つ。

② 拡大教材　小・中学校のすべての検定教科書と，高等学校の一部の検定教科書は出版社が拡大教科書を出版している。拡大教材を作成する場合は，文字サイズだけでなくフォント，色，コントラスト，レイアウト等にも留意し，シンプルで見やすいものを作成する必要がある。

③ 見やすく使いやすい文具　ノート，鉛筆，定規，コンパス等の文具は，一般の市販品の中にも，見やすさに配慮したものや使いやすいものがある。

④ 視覚補助具の活用　視覚補助具には弱視レンズ（遠用・近用），拡大読書器等がある。効率よく活用するためには早期からの継続的な指導が重要である。タブレット端末も積極的に活用されている。視覚補助具を使う場面を増やし活用する力を伸ばすためには，周囲の児童生徒や大人の理解も必要である。

（２）指導法の工夫の例：漢字の指導

漢字の一点一画を正確に捉えにくいため，誤読したり，書き誤ったり，間違って覚えてしまったりすることがある。初出時に正しく覚えられるよう，初出漢字は一点一画がよく見える大きさで示すとよい。基本漢字や部首・部品の組み合わせとしてカードや言葉にして覚えたり，手本を指でなぞったり空書したりして運動感覚を活用し覚えることも有効である。　（森　まゆ）

Q 52　聴覚障害のある幼児児童生徒に対する支援方法は？

1．ことばの力を育てる

子どもを育てる際には常に全人的な発達を見据える必要がある。その上で，聴覚に障害のある幼児児童生徒への教育を考えるときに欠かせない観点は「ことばの力をいかに育てるか」ということである。通常，我々は誰かに特別に教えてもらわなくても，1歳頃になると初語が出て，一語文，二語文，多語文とことばの数が増えていき，話し言葉（生活言語）から書き言葉やより複雑で抽象的な言葉（学習言語）を使いこなせるようになっていく。例えば中学生頃になって英語（第二言語）を習い始めたときに，「過去形にはedを付けて…」「あれ，仮定法はどうやって作るんだっけ？」などとしたようにいちいち考えたり，忘れてしまったりということはないはずだ。これが第一言語（母語）の特徴である。ではなぜ，我々は第一言語を自然に身に付けることができたのか。それは耳から音（言語音）を聴取し，学習することができたからである。産まれたばかりの赤ちゃんはもちろんまだ話すことはできないが，話し始める前からお母さんやお父さんの声，周囲の環境音等様々な音を聞き学習しており，その結果がその後の「ことば」につながるのである。一方，聴覚に障害があり，自然にことばや音を聞き学習することに制限がある場合は，意図的な学習機会をつくり言語発達を促していくことが必要になる。なお，聴覚に障害がある人にとっては手話ということばも重要な選択肢であるが，手話を第一言語とする場合にも読み書きの力は欠かせないものであると考える。その上でここでは音声言語，書記言語，手話等も含めて「ことば」と表記する。

2．幼児への支援：ことばの基礎を育てる

聞こえる子どもは産まれてすぐにことばの学習を始めていると考えると，

聴覚に障害のある子どもへの支援もできる限り早期から開始することが望ましい。近年は新生児聴覚スクリーニング検査が普及し，生後すぐに聴覚障害が分かるケースが増えており，病院，療育施設，聴覚特別支援学校の乳幼児相談（0～2歳），幼稚部（3～5歳）等での支援が行われている。幼児期は，補聴器や人工内耳を安定して装用できるよう調整しつつ，音に興味を持たせたり音韻意識を育てるためにリズム遊びを行ったり，コミュニケーションの基礎をつくるためのやり取り遊びを行ったりする。きこえの曖昧さを視覚的手段で補う方法の1つとして，通常の幼児教育と比べて早期から文字を導入する傾向があり，例えば絵日記を用いて保護者と幼児がその日のできごとを会話しながら，少しずつ文字に触れさせていくなどしている。ことばを増やし育てていく際には，大人の言ったことをまねさせる口声模倣を行う，単語のみでの反応に対して文章でモデルを示すなど日常生活の中で様々な言語表現に触れさせていく。また，特に聴覚特別支援学校では手話も音声（聴覚活用）も併用する環境があり，多様な子どもたちが集団をつくる場所となっており，子どもだけではなく，保護者にとっても子育ての不安を支えてもらったり，今後の見通しを持つための情報を得られるといった役割も担っている。

3．児童への支援：9歳の峠をどう越えるか

小学生段階になると教科学習が始まる。国語はもちろん，全ての教科書は日本語で書かれ，教師はことばを用いて授業を進める。そのため，ことばの力が十分でないと知的な遅れはないにもかかわらず学習不振状態になってしまうことが危惧される。聴覚障害児にとって，例えば語の活用変化や助詞の使い分け，授受構文などの複雑な文法事項は獲得しづらいことが多く，丁寧な指導が求められる。また，中学年頃になると学習内容が急に複雑になり，抽象的概念の理解や，文脈に適した語彙の意味選択といったことばの力が必要になってくる。さらに，ことばは単にコミュニケーション手段としてではなく，思考力とも関わるものである。具体物を操作するだけではなく頭の中で想像したり，自分の考えだけでなく他の人の意見を聞き，自分の考えと照らし合わせて新たな思考を生み出していくことも求められる。聴児はこれま

で使わなかったような難しいことばでも，大人の会話やテレビで流れてくることばを耳にし，時には大人に尋ねながら徐々に複雑なことばを理解し，使ってみることで思考のツールとして使いこなすことができるようになっていく。聴覚障害児の場合，土台となる基本的な生活言語も不十分であったり，自然な学習機会が制限されることがあるため，学習言語の獲得に難渋し，抽象的な思考や学習活動などにつまずきを示すことがある。こういった課題を「9歳の峠（壁）」といい，この発達上の峠を越えていくためには，難しいことばを教え，覚えさせることだけではなく，ことばを使って思考する力を育てる必要がある。一問一答式の発問だけではなく理由を問うたり，自分の考えの根拠を説明させる，他の人の意見との相違点を考えさせるなどして，ことばを思考のツールとして使いこなしていく力も育てたい。

4．生徒への支援：自立を見据えて

中学生，高校生になってくると，ことばと思考力をさらに伸ばしていくということはもとより，いかに自分らしく自立する道を見つけ，力をつけていくかということが新たな課題となってくる。そのためにも自らの障害を客観的に捉え，葛藤しつつもアイデンティティを確立していくことが不可欠である。通常の学校に通っていて周りに自分以外の聞こえない人がいない場合，聴覚特別支援学校に在籍していてある意味では聞こえないことが当たり前の環境で育ってきた場合など環境による影響も大きいだろう。もちろんそれぞれの障害の程度や性格なども個人差がある。その中で一人ひとりの思いに寄り添いながら肯定的な自己認識を育てていきたい。また，今後さらに広い世界で様々な人と関わっていくためには，周囲の人に何をどのように伝え，どういったサポートを求めるのかを説明する力も必要となってくる。補聴器や人工内耳と合わせて使用する補聴援助機器を活用する方法もあるだろう。手話通訳やノートテイク，要約筆記などを利用することで情報をよりスムーズに入手することができるかもしれない。様々な方法を経験させながら，自身の能力を最大限に発揮できる環境を自ら創る力を育てたい。

参考文献

立入哉・中瀬浩一編著（2017）『教育オーディオロジーハンドブック――聴覚障害のある子どもたちの「きこえ」の補償と学習指導』ジアース教育新社.

四日市章・鄭仁豪・澤隆史・Knoors.Harry・Marschark.Marc 編（2018）『聴覚障害児の学習と指導』明石書店.

聾教育実践研究会編著（2012）『はじめの一歩――聾学校の授業』聾教育研究会.

（大鹿　綾）

Q 53　肢体不自由のある幼児児童生徒に対する支援方法は？

肢体不自由のある子ども一人ひとりの幅広いニーズに向き合うためには，的確な実態把握に基づき，学習上又は生活上の困難を理解したうえで指導，支援にあたることが重要である。ここでは次の4つの視点に立ち，支援方法の概要を紹介する。

1．姿勢や身体の動き

まず，肢体不自由のある子どもの身体の状態や動きに意識を向け，子どもの目線に合った提示の仕方や上肢操作に留意することが重要である。特に，ボディイメージの形成などにつまずきがみられることが多く，姿勢づくり（ポジショニング）に積極的に取り組む必要がある。授業中に姿勢を変えたり，休み時間や自立活動の時間に車いすから降りる時間を設定することで，疲労を低減し活動に向き合いやすくすることができる。また，補助的な手段として，座位保持装置や作業台，移動の際には杖（クラッチ），歩行器，車いす，上肢操作においては持ちやすいように握りを太くしたスプーンや鉛筆，食器やノートを机上に固定する滑り止めマットなどの活用がある。

2．感覚や認知

肢体不自由のある子どもは，視知覚に何らかの困難を抱えていることが多い。情報を提示する際には視覚認知の負担を減らす工夫が必要である。具体的には，文字の大きさやフォント，文字や行間隔の調整，見やすい色への配慮，書見台の使用，聴覚情報を活用するなどが挙げられる。

視覚情報を処理すること以外に，主題を押さえることや話題をまとめるといった情報の関係性を構成することが困難な場合がある。内容を小さいまとまりに分けて思考を整理する方法や，メモやワークシートなどを活用して記憶や思考の手順を補助することができる。

3．コミュニケーション

音声言語の不使用または音声言語の明瞭度や流暢さが低い子どもがいるため，言語聴覚士などによる発声・発語の訓練が行われたり，代替手段が用いられている。ジェスチャー，シンボル，コミュニケーション・エイドといわれる支援機器など，拡大代替コミュニケーション（AAC: Augmentative and Alternative Communication）の導入が有効といえる。最近ではiPadなどタブレット型端末をはじめとしたICTの活用が広がっている。

4．心理面や経験不足

肢体不自由に起因する困難によって経験や体験が不足していることが多く，学習内容の具体的なイメージが持ちにくい場合がある。また，このことによる心理的な傾向として慎重さや消極的な面も指摘される。そのため，体験的な学習を多く取り入れることや，ロールプレイングなどを用いて具体的な理解を促す工夫が求められる。

支援にあたっては，個々の教師が研鑽を積むとともに複数の教師や多職種と協働して解決するティーム・アプローチが不可欠となる。子どもを中心とした関係者と悩みや情報を共有できる関係づくりが重要である。

参考文献

安藤隆男・藤田継道編著（2015）『よくわかる肢体不自由教育』ミネルヴァ書房．
北川貴章・安藤隆男編著（2019）『「自立活動の指導」のデザインと展開——悩みを成長につなげる実践32』ジアース教育新社．
小林秀之・米田宏樹・安藤隆男編著（2018）『特別支援教育』ミネルヴァ書房．
筑波大学附属桐が丘特別支援学校（2008）『肢体不自由のある子どもの教科指導Q&A』ジアース教育新社．
筑波大学附属桐が丘特別支援学校（2011）『「わかる」授業のための手だて——子どもに「できた！」を実感させる指導の実際』ジアース教育新社．

（内海友加利）

Q 54　病弱・身体虚弱の幼児児童生徒に対する支援方法は？

1．身体の病気の子どもへの支援

（1）子どもの病気の正しい理解と学校生活における適切な対応

同じ病名であっても服薬や処置の仕方，病気の症状やそれが出た時の対処方法，食事や運動の制限の内容等は一人ひとり異なる。学校で適切な対応をするためには，それらを子どもごとに正確に把握し，学校生活のどの場面でどのような支援･配慮が必要か整理する必要がある。

（2）不安やストレスに対する心理的支援

病気になると病気や治療，人間関係，学校生活，将来や進路等，様々な事柄に不安やストレスを抱えやすくなる。しかし，本人がそれに気づいていなかったり，周囲に心配をかけないように強がっていたり，友達から遅れないように無理をすることもある。中にはイライラや意欲低下等の情緒面や，頭痛や食欲減退，不眠等の身体面の症状として表れる場合もある。不安やストレスを少しでも和らげ，安心して学びに向かわせるために，教員には子どもに寄り添い，共感的･受容的な態度で接していく姿勢が必要である。

（3）学習面での支援･配慮

病気の子どもの学習面の問題として，学習の空白や遅れ，経験の不足や偏り，学習時間や授業時数の制限，意欲の低下等がよく挙げられる。しかし，子どもに病状や体調，生活環境に応じて，これらの問題を克服する学習方法を身に付けさせることは，生活の充実や心理的安定にもつながる。そのため教員には，学習内容を精選する，教科や自立活動を通して病気や健康管理の理解を図る，活動量を調整する，体育や行事への参加方法を工夫する等，病気の子どもが無理なく主体的に学習を進められる工夫が求められる。

2．心の病気の子どもへの支援

（1）心の病気への気づきと理解

心の病気は自分では気づきにくい傾向がある。また子どもの場合，心の状態を言葉でうまく表せられない，症状の表れ方が大人と異なる等の理由から周囲も気づかないことがある。悪化すると学校での対応や病院での治療も困難になるので，感情の変動が激しい，普段と行動が異なる，体調不良が長引く，学校に行きたがらない等，心の病気の可能性にいち早く気づくことが支援の第一歩になる。

（2）安心感と安全感の提供

心の病気によく見られる傾向として，不安や恐れが強い，些細なことでも動揺しやすい等が挙げられる。そのため学校に安心や安全を感じられる環境を整える必要がある。不安や恐れを感じた時に逃げ込める場所を決めておいたり，心の拠り所となる人を配置しておく等の支援が考えられる。

3．その他の支援

（1）ICT（情報通信技術）の活用

ICTの進歩により様々な間接体験や疑似体験，仮想体験が可能になってきており，病気の子どもの学習効果を高める技術として期待されている。例えば，教室に行けない子どもが分身ロボットを使用して病室から授業に参加したり，外出できない子どもがVR（仮想現実）で見学先を仮想体験したり，タブレット端末を用いて理科の実験を疑似体験する等が試みられている。

（2）チームでの支援

病気の子どもへの支援で欠かせないのはチームでの支援である。保護者の了解のもと主治医と連絡を取り合い，チームとして学校での支援や配慮を検討していく必要がある。また校内においても学級担任だけでなく，特別支援教育コーディネーターを中心に養護教諭，管理職等がチームとして連携して病気の子どもが学びやすい学校づくりをすることが重要になる。

（石川慶和）

Q 55　重度・重複障害のある幼児児童生徒に求められる対応として留意べきことは？

1．活用を含んだ実態把握

重度･重複障害児の多くは，重い身体障害と知的障害を併せ持ち，言語による意思伝達や応答が困難で，なおかつ健康面で配慮を要する場合が多い。そのため，実態把握では障害種，障害特性，健康面での配慮事項，成育歴，身体的能力，知的段階，医療的ケアの有無など幼児児童生徒の実態の“把握”に焦点が当てられがちである。しかし，学校は健康や安全の保持と共に学習活動を行う場所である。そのため，いかに重度の障害であっても幼児児童生徒の主体的で能動的な活動が望まれる。そこで，実態把握は学習活動に繋がる“活用”を含む用語として捉えることも肝要である。例えば，感覚過敏で触れるものが限られている場合には，“○○しか触れない”という捉えではなく，“○○を触れるのであれば，そこから何ができるか”という肯定的な捉えをしてみる。このように，幼児児童生徒のできることは何か，また興味･関心があることは何かに目を向け，それらの実態と学習活動を繋げることを想定した実態把握が望まれる。

2．支援の相対性

重度･重複障害児は，重い障害ゆえに手厚い支援を必要とする。ただし，手厚い支援という言葉に含まれる支援の種類や内容，そして度合いは一人ひとり全く異なる。さらに，同じ子どもでも必要とされる支援は常に同じとは限らない。例えば，生活リズムが乱れていたり，発作の回数が多かったり，風邪気味で痰の量が多かったりすることで幼児児童生徒のパフォーマンスは大きく異なるためである。このように，支援の内容と方法は活動内容や幼児児童生徒の実態，そしてその時々の体調との相対的な関係の中から選択されることが望ましい。

3．支援が持つ動的な性質

重度･重複障害児の実態と合致した活動を実現するために，学習過程ではスモールステップで構造化された段階的な支援が行われ，制作する姿勢，幼児児童生徒への伝達方法，活動で用いる教材教具が適宜検討される。また，教員と重度･重複障害児のコミュニケーションの場面を見ると，個別に支援している幼児児童生徒に対して，活動の始めには声かけ等により今から行う活動の意識化が図られ，次いで教材教具等を使用する支援が行われ，その後，活動中に現れる表情や発声，体の動き，視線などに基づいて表出･行動の意味が読み取られ，さらにそこで捉えたことが言語化され，子どもにフィードバックされる。このように，重度･重複障害児の学習活動では時系列で最適な支援の方法や度合いが継続的に検討される。つまり，支援は固定的なものではなく，常に状況を見極めながら変容する動的な性質を有するものとして捉えることが望ましい。

4．探索的な評価

重度･重複障害児に対して行われる学習評価は，到達度を測定する評価以上に幼児児童生徒のよりよい面を肯定的，かつ積極的に見いだそうとする評価が求められる。例えば造形活動を例に挙げると，評価は［身体］，［伝達］，［意欲］，［共同］，［満足感］の5つの観点で行われている。［身体］は自らの身体的能力を発揮できたかどうか，［伝達］は自らの意思，要求，感情を支援者に伝達できたかどうか，［意欲］は活動に関心を持ち，意欲的に取り組めたかどうか，［共同］は支援者と気持ちの交流を行い，協力して制作できたか，そして［満足感］は活動を楽しめたかどうかが評価の観点とされる。これら幼児児童生徒の身体的，心理的，情緒的な変化を教員が探索的に見取り，それを，幼児児童生徒による主体的な活動として積極的に価値づけていくことも重度･重複障害児の評価の特徴である。

（池田吏志）

Q 56　情緒障害のある幼児児童生徒に対する支援方法は？

情緒障害の種類は多いが，本節ではその代表例として選択性かん黙を取り上げる。選択性かん黙には，「話す能力には問題がないのに，特定の場面で話すことが難しい」という特徴がある。そのことが周囲に「本当は話せるでしょ」といった誤解を招き，子どもに発話を強要させてしまうケースもある。直接的に発話を促そうといった短絡的な考えは，状況を悪化させてしまうだけであり，言葉以外のコミュニケーション手段をどの程度持ち合わせているのかなど，子どもの実態を把握した上で，適切な支援を行っていく必要がある。

選択性かん黙のある子どもへの支援方法として，①遊戯療法などの個別心理療法，②生活場面を通してのアプローチ，③行動療法など，様々なアプローチがある（園山, 2000）。②に関しては，家庭や学校において発話を強制しない，安心する空間を作る，言葉でのコミュニケーション以外の方法で関わりを深めていく，といった点に配慮する必要がある。③で最も多く用いられているのが刺激フェーディング法である。対象者が話すことのできる相手や場所を徐々に拡大させていく技法になる。その要素は，1）漸時的刺激導入，2）漸時的刺激消退，3）継時的接近の3つに分けられ，子どもの実態に合わせて，これらの要素を組み合わせながら支援を行う。

表4-56-1　刺激フェーディング法の構造

要素	内容
1）漸時的刺激導入 stimulus fading-in	発話が十分に生じている場面（家庭やプレイルームなど）に，かん黙に関連した刺激（教員や友人など）を徐々に導入する。
2）漸時的刺激消退 stimulus fading-out	発話に関連した刺激（母親やセラピスト）を徐々に消退する。
3）継時的接近 successive approximation	発話が生起する場面を，かん黙に関連した場面（校庭や教室など）に徐々に近づける。

（園山，2000より改変引用）

鈴木・五十嵐（2016）は，かん黙の程度の違いが支援の効果に及ぼす影響を検討し，次の3点を指摘している。まず支援方法や場所は，かん黙の程度による違いはなく，支援方法では，遊戯療法が最も多く，次いで遊戯療法と刺激フェーディング法の組み合わせ，環境調整等が選択されていた。支援場所は，大学や医療機関などの第三者機関が最も多く，次いで第三者機関と学校園の組み合わせ，学校園等が選択されていた。次に，かん黙の程度が重くても発話が認められたケースが報告されていたが，重度であるほどその割合は低かった。最後に，かん黙が解消したケースでは，遊戯療法と刺激フェーディング法の併用，支援場所の第三者機関から学校等への拡大が多かった。

これらは，子どもの様子に合わせて段階的なアプローチを試みることで，かん黙の解消は可能であることを示唆している。沢宮・田上（2003）は，選択性かん黙のある5歳児に1）発話場面の拡大（第三者機関から幼稚園へ），2）幼稚園での緊張緩和に向けたアプローチをスモールステップで実施することでかん黙が解消したことを報告している。こうした段階的なアプローチを行うために，第三者機関と教育機関，家庭の三者の連携が不可欠である。第三者機関はそれらの連携をコーディネートする役割を担い，子どもの実態に合わせながら支援方法や支援場所の選定を行うことが望ましい。

周囲が選択性かん黙に対する理解を深め，目の前にいる子どもに寄り添い，専門的な支援を行うことが，子どもの置かれている状況を良い方向へと変化させる。選択性かん黙に関する知見がさらに蓄積されていくことが望まれる。

参考文献

沢宮容子・田上不二夫（2003）「選択性緘黙児に対する援助としてフェイディング法に対人関係ゲームを加えることの意義」『カウンセリング研究』36, pp.380-388.

園山繁樹（2000）「緘黙情緒障害」小出進編集代表『発達障害指導事典第二版』学習研究社, pp.107-108.

鈴木徹・五十嵐一徳（2016）「選択性緘黙児における状態像の違いが介入効果に及ぼす影響に関する文献的検討——1990年以降の個別事例研究を中心に」『発達障害研究』38, pp.100-110.

（鈴木　徹）

Q 57　行動障害のある幼児児童生徒に対する支援方法は？

学校や家庭でよく行われる行動障害への支援方法には，大別して，起きた後の1．事後的な支援と，起きる前の2．予防的な支援の2つがある。

1．事後的な支援：弱化と消去

従来の支援方法では行動障害を減らす，消失することが目標であった。代表的なものに，(1) 弱化（じゃっか）と消去，(2) タイムアウトとレスポンスコストがある。弱化とは，行動障害が起きた後に，子どもにとって嫌悪的な刺激や事態を提示する方法である。以前は原語の“punishment”から罰（ばつ）と訳されていたが，負のイメージや誤解が伴いやすく，現在では弱化が定着している。その1つに「ダメ」「やめて」等の叱責がある。消去とは，子どもにとって望ましい結果を得たり嫌悪刺激が消失したりすることで強められていた行動障害に対して，望ましい結果を与えない，嫌悪刺激を消失させない方法である。本稿では紙面の都合，弱化の1つの叱責について説明する。

叱責による行動障害の抑制は倫理上，不適切であるが，家庭での子育てでは広く使用される。「悪いことをしたら叱る」手続きの実行に要する負担は少なく，即時及び初期効果は高い（すぐ効く，最初は効く）。大人の「ダメ」「やめて」は，最初，子どもにとって嫌悪刺激となり，叱責を受けたらやめる，受けないように回避（avoidance）することは起きやすい。しかし，叱責が繰り返されることで，嫌悪刺激としての効力（ダメの力）は次第に失われ，同じ強さでは効かなくなる。効果の維持には，より強い叱責が必要とされるが，子どもにとっても慣れ（habituation）も生じやすい。子どもが慣れると大人はさらに激しく叱責するという負の循環が生じる。そもそも，知的障害が重く言語理解が不得手な子どもでは，叱責自体が理解できなかったり，「ダメでしょ」のやりとりが「叱ってかまってもらえる」の注目要求として機能することがある。その場合，叱責すればするほど，行動障害の頻度は高まる。また，叱責を受けた，受けそうな場面や大人のもとでは叱責された行動は起きなくなるが，そうでない場面では相変わらず起きるといった不適切な弁別学習も成立しやすい。つまり，叱責による行動障害の抑制は，本質的な改善とは言い難い。

「ダメ」をうまく伝えるコツは，短く，態度で伝えることである。他害や物投げ等の周りの安全が侵害される行動には，必死で伝えることも時には必要になるが，反射的に感情をぶつけてはいけない。「どうしてダメなのか」「なぜ誤った行動を繰り返すのか」の理由や解釈を長々と伝えたり説得を試みたりするのも逆効果のことが多い。「ダメ」の制止には，子どもに本来どう動いて欲しいのかの手がかりや情報はない。「ダメ」と短く伝えた上で，「○○してください」と，今やるべき行動をしっかりとわかりすく伝え，子どもが（少しでも）動いてくれたら確実に評価することが要点となる。

2. 事後的な支援：タイムアウトとレスポンスコスト

弱化には「正の弱化」と「負の弱化」があり，上述の叱責は，行動障害が生じた後に嫌悪刺激を提示する正の弱化となる。もう1つは，行動障害が生じた後に，子どもにとって好ましい刺激を取り去る方法で，負の弱化と呼ばれる。代表的なものに，「タイムアウト」と「レスポンスコスト」がある。タイムアウトとは，行動障害が生じたらその行動を強化している強化子に一時的に触れさせない手続きである。例えば，幼児が園庭で大好きな砂遊びをしている時，仲間と玩具の奪い合いになり仲間を叩いてしまったら，5分間，砂場から引き離し，別の場所に座らせて，大好きな砂遊びに従事できないようにする。仲間を叩いてしまったことで大好きな砂遊びができないことから，叩く行動の低減が期待される。レスポンスコストとは，行動障害が生じた後に強化子の一定量を没収する方法である。例えば，家庭で兄弟げんかをする度に，お小遣いを100円ずつ減らす。お小遣い（お金そのもの，それと交換されるお菓子や玩具等）が強化子となる場合，その没収はマイナスとなり行動障害が抑制される。日常例では，駐車違反やスピード違反（不適切な行動）への罰金が該当する。

3. 予防的な支援：機能的コミュニケーション訓練

近年，行動障害の理解と支援では，「なぜ，子どもがその行動を起こすのか」の機能に着目し，的確なアセスメントを行うことで支援の糸口が得られることがわかっている。行動障害を起こさなくても済むように，かつ行動障害の代替となる適切な行動が生起しやすい支援環境の整備に重点が置かれる。行動の機能とは，当該行動が環境事象に及ぼす効果や働き，作用を指す。行動障害の機能を推定するために，まずは機能的アセスメント（Functional Assessment，以下FA）が実施される。FAの間接的手法では子どもをよく知る保護者や支援者へのインタビューがあり，代表的で信頼性の高いものに，動機づけアセスメント尺度やFAインタビューがある。直接的手法では，観察を通じて行動障害の前にある状況事象（行動生起に作用した時間的に離れた先行事象）と弁別刺激（直前の先行事象）と，後続事象の強化子に関わる情報が収集される。この情報収集や分析の枠組は三項（または四項）随伴性，または先行事象（Antecedent）－行動（Behavior）－後続事象（Consequence）の頭文字をとりABC分析と呼ばれる。たくさんの研究成果から，行動障害の機能として，①嫌悪事態からの逃避や回避（ひとまず逃げたい，先に逃げちゃえ），②注目の獲得（みてみてかまって），③物や活動の獲得（ほしいやりたい），④感覚･自己刺激の獲得（この感覚心地よい）の4つが明らかにされている。本稿では，教室でよく見られる①逃避･回避の機能と予防支援の一端を紹介する。

例えば，教室での離席行動について，前後する先行及び後続事象を観察すると，先行事象として難しい課題や新規課題が提示され，離席後の後続事象として課題に取り組まなくて済むことは多い。課題に取り組まなくて済むことは，子どもにとって望ましい結果となる。同様の随伴性を繰り返すことで，離席行動に最初はなかった「ひとまず逃げたい」，さらに難しい課題を事前に察知し回避する「先に逃げちゃえ」の機能が育つようになる。この不適切な離席行動に対する支援方法として，機能的に等価で適切な代替行動の形成を試みる「機能的コミュニケーション訓練（Functional Communication

Training, 以下 FCT)」がある。FCT では，難しい課題に従事する嫌悪事態からの逃避や回避によって支えられている離席行動やそれに先行する予兆行動に対して，「先生，教えて」の教示要求行動を積極的に指導し形成する。子どもが「先生，教えて」と要求し，教えてもらうことで難易度は下がり離席しなくて済む。離席せず課題に取り組むことで，教師から「できたね，すごい」の社会的強化を受けることが多くなる。結果として，不適切な離席行動を選択しなくてもよくなる。1980 年代に開発された FCT 研究が起点となり，現在では，適切な行動の形成と生活の質の向上を目的とするポジティブ行動支援（positive behavior support）やそれをベースとする学級・学校全体（class-based/class-wide）を対象とした行動支援の有効性が報告されている。我が国でも読みやすい一般図書が出版されているので，ぜひ参照して欲しい。

参考文献

Durand, V. M., & Crimmins, D. B.（1988）Identifying the variables maintaining self-injurious behavior. *Journal of Autism and Developmental Disorders*, 18, pp.99–117.

平澤紀子（2001）「問題行動と言語――機能的コミュニケーション訓練」日本行動分析学会編『ことばと行動』ブレーン出版, pp.285-299.

村中智彦編著（2015）『「困った」から「わかる，できる」に変わる授業づくり――行動問題への積極的な支援』明治図書出版.

O'Neill, R. E., Albin, R. W., Storey, K., Horner, R. H., Sprague, J. R., Storey,K, &Newton,J.S.（1997）*Functional assessment and program development for problem behavior: A practical handbook*. Brooks/Cole Publishing Company. Pacific Grove,California.

（村中智彦）

第5章

教育課程の編成・個別の指導計画・個別の教育支援計画の作成

Q 58　個別の指導計画・個別の教育支援計画ってなに？

1．なぜ個別の指導計画・個別の教育支援計画を作成するのか

特別支援教育においては，障害の状況，教育的ニーズや指導方法･支援方法が一人ひとり異なるため，学校や学級ごとに教育課程を編成するのみでなく，一人ひとりのニーズに応じた個別の教育支援計画･個別の指導計画を作成する必要がある。個別の計画を作成することにより，学校のみでなく医療や福祉などの関係機関も含めた包括的な指導･支援が可能になると共に，将来を見据えた長期的な視点をもった指導･支援をきめ細やかに実施することができる。

2017（平成29）年の学習指導要領改訂により，特別支援学級に在籍する児童生徒及び通級による指導を受けている児童生徒についても，これらの計画を作成することとされた。また，通常の学級に在籍しているが通級による指導を受けていない児童生徒についても，作成に努めることとされた。

2．個別の教育支援計画とは

障害のある児童生徒について，教育，医療，福祉，労働等の関係機関が連携･協力を図り，障害のある児童生徒の生涯にわたる継続的な支援体制を整え，それぞれの年代において成長を促すために教育機関が作成する計画を，個別の教育支援計画という。本人や保護者の現在の困りごとや願い，将来に向けた希望について，学校のみでなく，家庭，医療，福祉などが共通理解を図り，それぞれの場における支援目標や内容を計画に記載する。個別の教育支援計画を作成することで，それぞれがバラバラの支援をするのではなく，生活場面全体を視野に入れた包括的かつ一貫した支援を実施することができる。作成の際には，現在の困りごとや制約のみに焦点を当てるのではなく，3年後どうありたいか，何ができるようになっていたいか，など長期的な視点

を持つことで，本人，家庭，学校，各種関係機関で目指す方向性を共通理解することができる。また，個別の教育支援計画は幼稚園から小学校，小学校から中学校，高校等に引き継ぐことで，切れ目のない支援を実施するために活用していくことが大切である。今後校務支援システム等において個別の教育支援計画や指導計画を管理することにより，情報が蓄積され，より指導･支援に活かしやすい仕組みが構築されることが期待される。

３．個別の指導計画とは

個別の指導計画は，教育課程を具体化し，障害のある児童など一人ひとりの各教科等における指導目標，指導内容及び指導方法を明確にして，きめ細やかに指導するために作成するものである。各教科や自立活動について具体的な目標を設定し，それぞれの指導場面においてどのような手立てを実施するかを記載することで，目的を持って日々の児童生徒への指導･支援をすることができる。通級による指導を受けている児童生徒については，通常の学級の担任と通級指導担当で計画を共有，特別支援学級在籍の児童生徒については，交流及び共同学習をする通常の学級の担任とも共有，必要に応じて専科の担当とも共有するなど，在籍学級の中のみで計画を活用するのではなく，学校全体で組織的に活用していくことが望ましい。特に通常の学級に在籍する児童生徒については，学習指導要領の各教科等における「障害のある児童への配慮についての事項」を参考に，個々に必要な配慮事項を計画に掲載できるとよい。計画を作成しっぱなしではなく，日々の指導が計画に基づいているかを確認することや，期末に評価をし，目標や手立てが妥当かどうか見直しをすることが大切である。

（野口晃菜）

Q 59　個別の指導計画・個別の教育支援計画を作成する上での留意すべきことは？

1．個別の教育支援計画を作成する上で留意すべきこと

（1）本人，保護者と共に本人を中心とした計画を作る

計画の作成は例えば3年後どうありたいか，何ができるようになりたいか，今困っていることは何か，など本人と保護者のニーズや願いを聞き取ることから始まる。計画を作成するのは学校だが，その計画の主体者である本人と保護者を置いてきぼりにした計画にならないよう留意が必要である。そのためにも，本人のわかる方法でニーズを聞くことが大切である。例えば，言葉でのやりとりが難しい場合は，絵や写真，選択肢などを活用し，本人の希望を聞くことが望ましい。

（2）関係機関と連携し作成・共有する

2018（平成30）年の学校教育法施行規則が改正により，特別支援学級及び通級の指導を受ける児童生徒について，保護者の意向を踏まえつつ，医療，福祉，保健，労働等の関係機関等と当該児童生徒等の支援に関する必要な情報の共有を図ることとされた。特に，障害のある児童生徒は放課後等デイサービスなどを利用していることが多い。そこにおける目標や支援内容を確認しておくことは，当該児童生徒の生活場面全体を視野に入れた包括的な計画を作成する上で大切である。また，同様に学校における目標や支援内容についても福祉や医療と共有することで，お互いにどのような支援をしているのかを知ることができ，一貫した支援をすることができる。なお，個別の教育支援計画は個人情報にあたるため，事前に本人と保護者に関係機関との情報共有の意向について尋ねて同意を得られた場合のみ共有する点に留意したい。

（3）合理的配慮について記載する

2016年に施行された障害者差別解消法において，合理的配慮を提供することが義務付けられた。教育における合理的配慮とは，障害により，学校生

活を送る上で，また教育課程を学ぶ上での困難さがある場合に，他の児童生徒と同様に過ごし学ぶための個別の配慮や調整を指す。本人，保護者と学校生活を送る上でどのような配慮や調整があったらより過ごしやすく，学びやすくなるかについて話し合い，合意した内容を個別の教育支援計画に記載しておくことが望ましい。

（4）進学先に引き継ぐ

障害のある児童生徒や保護者は，学級や学校が変わるとまたゼロから情報共有をしなければならないことが負担になっていることも多い。切れ目のない支援のためにも，本人･保護者の意向を尋ねた上で，進級先･進学先に計画を引き継ぐことが望ましい。

2．個別の指導計画を作成する上で留意すべきこと

（1）好き･得意を活かした計画を作成する

計画作成においては，「できないことをできるようにする」視点のみでなく，「得意や好きを活かす」視点も大切にしたい。できないことばかりに焦点の当たった指導や支援だと，学校生活そのものがつらくなってしまうケースも多い。例えば，好きなキャラクターを活かす，ゲームなどの好きな活動を活かすなどで，本人が楽しく学べる工夫をしたい。

（2）具体的な目標を立て，日々の指導･支援に活かす

計画を作成した後，それを日々の授業に反映し，目標に基づいた記録をつけることが大切である。例えば，「クラスメイトと仲良く話す」のような抽象的な目標ではなく，「授業中クラスメイトとの話し合い活動の際に自分の考えを1回以上伝える」など，具体的な目標を設定し，話し合い活動の時間に考えを伝えられているかを評価することで，計画が日々の指導に活きる。

（3）学内で共有することで一貫した指導･支援をする

例に挙げた話し合い活動の場面は，在籍学級以外の場でもある。通級による指導や専科の授業の際にも話し合い活動はある。そのため，計画は担任のみで作成し保管するのではなく，他に当該児童生徒に関わる教員と共に作成し共有することで，一貫した指導･支援ができる。　（野口晃菜）

Q60　自閉症（ASD）のある幼児児童生徒の教育課程はどのように編成されているの？

1．自閉症（ASD）のある幼児児童生徒の教育課程について

自閉スペクトラム症（以下，自閉症）のある子どもは，教育場面において，コミュニケーションの問題，強いこだわり，見通しの持ちにくさなど，様々な困難を呈する。また，自閉症という障害においては，知的な遅滞が重度の者から軽度の者，または全くない者まで幅広く存在する。では，このような自閉症のある幼児児童生徒の教育課程は，どのように編成されているのだろうか。教育課程は，各学校段階の学習指導要領を基準として編成されるものの，編成する主体となるのは各学校であり，子どもの発達段階や障害特性，地域の実態を考慮して編成される。そのため，各学校段階によって異なるのはもちろんのこと，地域や学校によっても教育課程は異なる。

（1）特別支援学校の教育課程

自閉症のある幼児児童生徒の特別支援学校への入学にあたっては，主に，学校教育法施行令第22条の3に定める障害の程度（知的障害者）を参考に，本人や保護者の意見も踏まえて就学先が決定される。そのため，知的な遅滞が重度の自閉症児は特別支援学校に入学することが多い。自閉症のある幼児童生徒が特別支援学校に在籍する場合，教育課程は，各学校段階に応じた特別支援学校教育要領・特別支援学校学習指導要領に基づいて編成される。

幼稚部では，小学校以降の教育課程において学習が重視されるのとは異なり，遊びに主眼が置かれる。そのため，遊びを通して主体性を育み，障害による学習上・生活上の困難に立ち向かう力を培うことが大切になる。特に，幼児期は小学校以降の生活や学びの基礎となる能力を育む時期であることから，社会的コミュニケーションの障害を考慮した他児との協同活動の支援や，限局的な興味関心によって遊びが単調にならないよう配慮するなど，幼児期の発達的視点及び自閉症の障害特性を踏まえて教育課程を編成する必要がある。

小学部以降において自閉症児が特別支援学校（知的障害）に在籍する場合，各教科に関して，知的な遅滞への対応として，知的障害教育の教育課程を参考にすると同時に，自閉症という障害の特性を考慮する必要がある。そして，自立し社会参加するための資質を培うためにも，「自立活動」のみにおいて障害特性から生じる学習上または生活上の困難の改善･克服する力の育成を目指すのではなく，各教科を含めた教育課程全体として，自閉症の障害特性を考慮した教育課程を編成する必要がある。

（2）通常の学校（幼稚園や認定こども園等を含む）の教育課程

自閉症のある幼児児童生徒が通常の学校に在籍する場合，幼稚園教育要領や学習指導要領など，各学校段階に応じた要領を基に教育課程は編成される。幼児期においては，知的発達の遅滞がない自閉症児の場合，周囲が障害に気付かないこともある。そのため，最初は，こだわりの強さや行動面の問題から「気になる子」として支援を受け，診断が確定した後に，他機関と連携したより専門的な支援が行われるケースも多い。

小学校以降の教育課程において，通常の学校に在籍する場合でも特別支援学校学習指導要領を基に教育課程が編成されることがある。それは，「特別支援学級」や「通級による指導」を行う場合であり，この場合，特別の教育課程を編成することができる。「特別支援学級（自閉症･情緒障害，知的障害）」では，「自立活動」や，必要に応じて，各教科の目標や内容を下学年のものに替えたり，特別支援学校（知的障害）の各教科に替えた指導を行う。「通級による指導」では，「自立活動」や，必要に応じて，各教科の内容を補充するための指導を行う。現状では，高等学校に「特別支援学級」は設置されていないものの，2018年4月から「通級による指導」が開始された。インクルーシブ教育が推進されていることからも，通常の学校に自閉症児が在籍するケースは増加すると考えられ，適切な学習環境の調整が求められる。

本来，教育課程は個人に対応して編成されるものではない。そのため，特別支援学校の教員だけでなく，全ての教員が自閉症の障害特性や教育方法に精通し，個人の教育的ニーズに応じた個別の指導計画及び個別の教育支援計画を作成する能力を有していることが求められる。（鏡原崇史）

Q 61　学習障害（LD）・注意欠陥多動性障害（ADHD）のある幼児児童生徒の教育課程はどのように編成されているの？

1．LD・ADHD のある児童生徒の学びの場

LD・ADHDのある児童生徒は，小学校・中学校の通常の学級に在籍し，各教科等の大部分の授業を通常の学級で受ける。ただし，学校教育法施行規則第140条および141条に基づき，一部の授業については障害の状態に応じて特別の指導を特別の指導の場（通級指導教室）で受けることができる。通級による指導は，障害の状態がそれぞれ異なる個々の児童生徒に対して，個別指導を中心とした特別の指導をきめ細かに，弾力的に提供する教育となっている。

2．通級による指導における特別の教育課程の編成

通級による指導を行う場合には，「特別の教育課程」を編成することができ，障害による特別の指導を，小・中学校の通常の教育課程に加え，又は，その一部に替えることができる。障害に応じた特別の指導では，自立活動の指導を行う。自立活動の指導は，障害による学習上又は生活上の困難を改善・克服するため，特別支援学校における自立活動に相当する内容を有する指導である。指導においては，特別支援学校小学部・中学部学習指導要領第７章に示す自立活動の6区分27項目の内容を参考とし，自立活動における個別の指導計画を作成し，具体的な指導目標や指導内容を定め，それに基づいて指導を行う。

また，特に必要がある場合は，障害の状況に応じて各教科の内容の補充をするための指導を行うことができる。各教科の内容を取り扱う場合であっても，障害による学習上または生活上の困難の改善または克服を目的とした特別の補充指導であって，単なる教科の遅れを補充するための指導ではない。

あくまでも，障害の状態に応じた学習により，教科の学習内容を学びやすくするための指導を行うものである。

通級による指導は，その指導を必要とする児童生徒が自校，あるいは「通級指導教室」が開設されている他校に通い指導を受けることとなる。児童生徒が他校で通級による指導を受ける場合であっても，児童生徒の在籍する学校の教員は，特別の指導を行う学校の教員と協議して教育課程を編成したり，児童生徒の指導に関して協議や情報交換を定期的に行ったりする必要がある。

3．通級による指導に係る授業時数

LD･ADHDのある児童生徒の授業時数について，通級による指導の対象となる児童生徒は通常の学級に在籍し，そこで大部分の指導を受けることが前提となるので，通級での指導時間は自立活動の指導と各教科の補充指導を合わせて年間10単位時間から280単位時間までを標準としている。また，学校教育法施行規則第141条により，他校通級の場合であっても，通級による指導で受けた時間は，在籍する小･中学校における教育課程に係る授業とみなすことができる。

4．LD・ADHDのある幼児の指導

LD･ADHDのある幼児は，通級による指導の対象とならないため，個別に特別の教育課程を編成することはできない。このため，個々の幼児の障害の状態などに応じた指導内容や指導方法の工夫を，家庭，地域及び医療や福祉，保健等の業務を行う関係機関と連携を図りながら行っていく。

（村上理絵）

Q 62　言語障害のある幼児児童生徒の教育課程はどのように編成されているの？

1．言語障害のある幼児児童生徒の教育の場と教育課程

（1）特別支援学級

言語障害の程度が著しく，常時，教科指導や生徒指導などで特別な指導や支援が必要な幼児児童生徒（以下，児童など）は特別支援学級の対象になる。ここでは，児童など一人ひとりの状態に応じた独自の教育課程が編成される。

（2）通級指導教室

言語障害の程度が比較的軽度で，通常学級での学習におおむね参加でき，一部特別な指導が必要な児童などは，通級指導教室の対象になる。通級指導教室に通級する児童などは，学校生活の大半は通常学級で他児と同じ教育課程による指導を受ける。そして，週1～8時間（多くは週1～2時間程度）のみ通級指導教室に通級し，言語障害による学習上生活上の困難の改善･克服を目的とした特別な教育課程による指導を受ける。言語障害のある児童などへの指導のほとんどは，通級指導教室での通級指導により行われている。

（3）通常学級

言語障害のある児童などの中には，言語障害の程度がさらに軽度で通級指導を必要としない，居住する区市町村に通級指導教室が設置されていない，本人や保護者が通級指導教室での指導を希望しないなどの理由で，通級指導を受けない者もいる。この場合，言語障害に応じた特別の教育課程による指導は受けられない。そこで，通常学級の教育課程に基づく指導を受けながら，必要に応じて合理的配慮や弾力的運用（例えば，特別支援学級担任の空き時間を利用して個別指導を行う）などの支援を受ける。

2．言語障害に応じた特別の教育課程

特別支援学級，通級指導教室では，言語障害による学習上生活上の困難の

改善･克服を目的とした特別の教育課程が編成される。この特別の教育課程の編成は，特別支援学校学習指導要領にある自立活動に基づいて行われる。具体的には，児童など一人ひとりの障害の状態などに応じた具体的な目標や内容を定めた個別の指導計画に基づき，健康の保持，心理的な安定，人間関係の形成，環境の把握，身体の動き，コミュニケーションの各領域から必要な支援を取捨選択して行う。

なお，「通級指導は教科指導の補充を行う場」と捉えられることがあるが，これは誤解である。通級指導教室では，「自身の特性にあった漢字の覚え方を考える」など教科学習の要素を取り入れた指導がされることがある。しかし，これは，あくまでも言語障害による学習上の困難の改善･克服を目指す指導の一環であり，教科指導の補充ではない。

3．言語障害のある児童などの指導の実際

言語障害のある児童などの特別の教育課程では，言語障害に対する指導だけでなく，言語障害による劣等感やからかいなどで傷ついた情緒の安定や，自身の言語障害への理解促進，言語障害に向かう態度の醸成など様々な指導が行われる。また，児童などへの指導だけでなく，保護者支援，学級担任との連携，同級生への啓発なども行われる（表5-62-1）。

なお，通級指導教室での指導は，個別指導が原則である。ただし，効果が期待される場合は，小集団指導が行われることもある。（小林宏明）

表5-62-1　言語障害のある児童などの指導の例

- ありのままを受け入れ，安心，安定できる場所を提供する
- 不安や悩みの相談に応じるなど，子どもの良き理解者となる
- 自身の言語障害について学んだり，考えたりする
- 自身の良いところを再発見したり，伸ばしたりする
- 自身の障害の改善を目指した取り組みをする（構音指導，読み書き指導など）
- 保護者の相談の担い手になる（面談，連絡帳のやりとりなど）
- 子ども･保護者と学級担任との橋渡しをする（在籍校訪問，連絡帳など）
- 苦手なこと，不安なことに取り組む
- 学校生活をうまく過ごす方法を考えたり，そのために必要な能力を伸ばしたりする

Q 63　知的障害のある児童生徒の教育課程はどのように編成されているの？

1．知的障害者を教育する特別支援学校の各教科

知的障害者を教育する特別支援学校では，小学校，中学校，高等学校の各教科とは異なり，知的障害による学習困難の度合いの大きな児童生徒のニーズに応じた各教科（知的障害教育教科）が設定されている。小中学校の知的障害特別支援学級でも，必要に応じて，小中学校の各教科に替えて，知的障害教育各教科による特別の教育課程を編成する。

知的障害教育教科では，基本的には，知的発達，身体発育，運動発達，生活行動，社会性，職業能力，情緒面での発達等の状態を考慮して，その目標や内容が，学年ではなく段階別に，小学部３段階，中学部２段階，高等部２段階で示されている。このような示し方の理由は，発達期における知的機能の障害が，同一学年であっても，個人差が大きく，学力や学習状況も異なるため，学年別に指導内容を示すよりも，段階を設けて概括的に示す方が，個々の児童生徒の実態等に即して，各教科の内容を選択して効果的な指導ができると考えられるからである。

知的障害教育教科は，発達段階１歳前後の発達の未分化な児童生徒にも適用できるようになっており，通常教育で設定されている「教科」以前の指導内容を含み，生活に活用するための「教科」以後の内容も含むものである点が特徴である。その内容は，生活年齢を基盤とし，知的能力や適応能力及び概念的な能力等を考慮しながら，段階毎に，人とのかかわりや生活の場，かかわる事柄の広がりをもって配列されているといえる。ここで重要なことは，認知発達等の段階に即した内容だけでなく，その段階の力を活かして生活年齢相当の「社会参加」ができるようになるための内容も含まれているということである。

2．生活に即した学習の重要性と指導形態等の工夫

知的障害のある児童生徒は発達段階の差が大きく，障害の状態も一人ひと

り異なるため，一般的な学習上の特性を踏まえ，個人差に応じた集団的指導を進めるために，各教科等の全部または一部を合わせて指導を行う「教科等を合わせた指導」（学校教育法施行規則第130条２）が認められている。知的障害のある児童生徒の指導にあたっては，各教科の示す内容を基に，児童生徒の知的障害の状態や経験等に応じて，各学校で「生活に結びつく具体的な内容」を設定する必要があり，「各教科等を合わせて行う指導」と「教科等の別に行う指導」の指導計画を横断的かつ系統的な視点から十分に関連付けを行い，実際的な状況下で体験的に活動できるように工夫し，児童生徒一人ひとりが見通しを持って，意欲的に学習に取り組めるようにすることが重要である。その際，本人の興味･関心などを大切にしながら学習意欲を高め，学んだことを生活のなかで活かし，さらに生活経験を拡大していけるような指導を行うことが大切である。また，児童生徒が，補助具や支援機器等の支援を活用し，彼らがその時点で持っている能力を最大限発揮しながら学習活動を進めていく工夫も必要である。

３．小中学校における特別の教育課程の編成手順

特別支援学級における特別の教育課程の編成手順は次のようになる。

①　障害による学習上生活上の困難を克服し自立を図るため，特別支援学校学習指導要領に示されている自立活動を取り入れる。

②　各教科の習得状況や既習事項によって，下学年の各教科の目標や内容に替えたり，知的障害教育各教科に替えたりする。

③　卒業までに育成を目指す資質･能力を検討し，在学期間に提供すべき教育内容を十分に見極め，各教科の目標及び内容の系統性を踏まえ，教育課程を編成する。なお，知的障害教育各教科に替えた場合には，必要に応じて，各教科等を合わせた指導形態を取り入れる。

実際の生活に即した学習活動を考え，効果的な指導形態を工夫し，「児童生徒がわかる」授業を体現するためのカリキュラム･マネジメントが求められている。

（米田宏樹）

Q 64　視覚障害のある幼児児童生徒の教育課程はどのように編成されているの？

特別支援学校（視覚障害）では，学校教育法第72条の「特別支援学校は，視覚障害者，聴覚障害者，知的障害者，肢体不自由者又は病弱者（身体虚弱者を含む。以下同じ。）に対して，幼稚園，小学校，中学校又は高等学校に準ずる教育を施すとともに，障害による学習上又は生活上の困難を克服し自立を図るために必要な知識技能を授けることを目的」として，視覚障害のある幼児児童生徒に対して教育が行われている。各学校で学校教育の目的や目標を達成するために，校長を責任者として「教育課程」が編成されるが，視覚障害のある幼児児童生徒の実態には個人差が大きいことから，教育課程編成の取り扱いに基づいて弾力的な教育課程が編成されるようになっている。

視覚障害教育の対象としては，1. 学校教育法第80条の規定に定められた特別支援学校（視覚障害），2. 学校教育法第81条第2項の規定に定められた弱視特別支援学級，3. 学校教育法施行規則第140条の規定に定められた通級による指導が挙げられる。本稿では，それぞれの教育課程の編成について以下に述べる。

1．特別支援学校（視覚障害）

特別支援学校（視覚障害）の対象となる幼児児童生徒は，学校教育法施行令第22条第3項に「両眼の視力がおおむね0.3未満のもの又は視力以外の視機能障害が高度のもののうち，拡大鏡等の使用によっても通常の文字，図形等の視覚による認識が不可能又は著しく困難な程度のもの」と定められている。特別支援学校（視覚障害）では，基本的に幼稚園·小学校·中学校·高等学校に準ずる教育課程が編成される。ただし，特別支援学校（視覚障害）の中には，全盲児や弱視児，視覚障害の他に知的障害や肢体不自由を併せもつ重複障害児等，幼児児童生徒の実態が多様であり，それに応じて教育課程を編成する必要がある。そのため，幼児児童生徒一人ひとりの実態を把握し，準ずる教育課程の他にも下学年（下学部）適用の教育課程や自立活動を主とする教育課程等の特例を活用しながら教育課程が編成される。

２．弱視特別支援学級

弱視特別支援学級の対象となる幼児児童生徒は，2013（平成25）年に文部科学省初等中等教育局長から通知された「障害のある幼児児童生徒等に対する早期からの一貫した支援について（25文科初第756号通知）」の中で「拡大鏡等の使用によっても通常の文字，図形等の視覚による認識が困難な程度のもの」と定められている。弱視特別支援学級は，小学校･中学校の学級の1つであり，教育課程も原則として小学校･中学校と同様に編成される。ただし，弱視特別支援学級に在籍する児童生徒の視覚障害の種類や程度等によって，小学校･中学校の教育課程をそのまま適用することが適当ではない場合があることから，学校教育法施行規則第138条の規定により特別の教育課程を編成することができるようになっている。この特別の教育課程の規定により，自立活動や下学年，知的障害の教育課程を取り入れた教育課程を編成することができる。

３．通級による指導

通級による指導の対象となる幼児児童生徒は，「障害のある幼児児童生徒等に対する早期からの一貫した支援について（25文科初第756号通知）」の中で「拡大鏡等の使用によっても通常の文字，図形等の視覚による認識が困難な程度の者で，通常の学級での学習におおむね参加でき，一部特別な指導を必要とするもの」と定められている。通級による指導の教育課程も原則として，小学校･中学校･高等学校と同様に編成される。また，学校教育法施行規則第140条の規定により特別の教育課程を編成することができるようになっている。この特別の教育課程の規定により，小学校･中学校･高等学校の教育課程に加えて，又はその一部に替えて，自立活動の指導を取り入れた教育課程を編成することができる。

（門脇弘樹）

Q 65　聴覚障害のある幼児児童生徒の教育課程はどのように編成されているの？

1．特別支援学校（聴覚障害）

特別支援学校（聴覚障害）における教育課程は，幼稚園，小学校，中学校および高等学校で規定される各教科，道徳科，外国語活動，特別活動と，自立活動で編成されている。

各教科等については，幼稚園，小・中学校，高等学校の教育の目標や内容と同じである（準ずる教育）。幼稚部段階では，全人的な発達の育成や話しことばの習得を促し，教科指導の基盤となる言語力の向上をはかることをめざしている。そして，小・中学部段階では，読み書きの力を核とした基礎的学力の定着をはかり，高等部段階では，中学部段階で身に付けた学力を基盤として自ら学ぶ意欲を促し，生徒の適性や希望等に応じた進路指導や職業教育を行っている。しかしながら，聴覚障害という音声情報の効率的な活用が難しい障害の特性から，読み書きの力や思考力の育成を視野に入れて，補聴器や人工内耳等を利用した聴覚活用や，音声や手話・指文字をはじめとする個々に応じたコミュニケーション手段の使用，視覚的情報が活用しやすい教材・教具，ICT 機器の工夫などへの配慮が不可欠である。また，使用される教科書は，小・中学校，高等学校と同様に，文部科学大臣が検定を行った教科図書等であるが，特別支援学校（聴覚障害）用の教科書（『国語　言語指導（小学部）』『国語　言語（中学部）』）も作成されている。

このように，各教科等については，基本的に聴覚障害のない児童生徒と同じような内容で学習が進められるが，障害の状態に合わせて特別の教育課程も編成される。具体的には，当該学年よりも前の学年や前学部の内容に，全部あるいは一部を替えることができる下学年・下学部適用の教育課程や，知的障害を併せ有する場合の特別支援学校（知的障害）代替の教育課程，重複障害のうち障害の状態により特に必要がある場合の自立活動を主とした教育

表5-65-1　自立活動の指導内容例

聴覚活用	補聴器や人工内耳の活用（取扱や管理，装用習慣，知識など）， 環境音や音楽の聞き取り，ことばの聞き取り， 聴覚活用への関心･意欲　など
発音発語指導	呼気のコントロール，構音器官の動き（舌やあご，唇など）， 発声発語の促し，単音（母音，子音）や，語句，文の指導　など
言語指導	日本語の言語体系の習得，語彙や文，文章による理解と表出　など
コミュニケーション	コミュニケーションへの意欲や態度，コミュニケーション手段　など
障害認識	自己の障害の理解，自己を肯定的に捉える機会，情報保障， 自己の聞こえやコミュニケーションの特性を踏まえた環境調整， 障害による困難への改善や対処，マナー，など

課程である。

教育課程のもう1つの重要な柱となる自立活動では，「聴覚活用」「発音発語指導」「言語指導」「コミュニケーションに関する指導」「障害認識に関する指導」などの観点より，子どもの年齢段階や発達段階，個々の実態に応じた指導内容の設定や指導計画が作成され，指導が行われる。具体的な指導の内容例を表5-65-1に示した。これらの指導は個別指導だけではなく，学級での一斉指導やグループ別編成による指導などによっても行われる。また，自立活動において扱われる指導内容は，各教科等の指導と関連性をもたせながら行うことが重要である。

2．難聴特別支援学級と通級による指導（難聴）

聴覚障害児童生徒が学ぶ場として，難聴特別支援学級と通級による指導（難聴）もある。難聴特別支援学級では，小学校･中学校の教育課程や指導方法による学習が進められ，個々の子どもの障害に応じた自立活動が位置づけられている。一方，通級による指導（難聴）では各教科等の指導を通常の学級で行いながら，児童生徒の障害の状態に応じて必要となる自立活動の指導が行われる。ここでは，子どもの発達段階や教育的ニーズに応じて聴覚活用や言語指導，障害認識などの内容を扱うことが重要である。

（左藤敦子）

Q 66　肢体不自由のある幼児児童生徒の教育課程はどのように編成されているの？

1．肢体不自由特別支援学校における教育課程の編成

特別支援学校の教育課程について，学校教育法施行規則第126条第1項では，「特別支援学校の小学部の教育課程は，国語，社会，算数，理科，生活，音楽，図画工作，家庭，体育及び外国語の各教科，特別な教科である道徳，外国語活動，総合的な学習の時間，特別活動並びに自立活動によって編成するものとする。」（中学部は第127条，高等部は第128条）と定められている。また，特別支援学校には様々な実態の幼児児童生徒が在籍していることから，学校教育法施行規則第131条後段では，「特に必要があるときは，第126条から第129条までの規定にかかわらず，特別の教育課程によることができる。」と規定されており，各学校が幼児児童生徒の実態に応じた教育課程を編成する必要がある。

肢体不自由特別支援学校では，表5-66-1に示すように，複数の障害を有する重複障害児が非常に多く在籍しており，特別の教育課程で学ぶ幼児児童生徒が多いのが特徴である。2017年告示の特別支援学校学習指導要領では，重複障害者に対する特別の教育課程として，「知的障害特別支援学校の教育課程」「自立活動を主とする教育課程」が示されている。「知的障害特別支援学校の教育課程」とは，肢体不自由と知的障害を併せ有する重複障害児を対象に，知的障害に対応した教育課程を編成するものである。「自立活動を主

表5-66-1　肢体不自由特別支援学校における重複障害学級在籍率

学校種	小学部	中学部	高等部	全体
肢	88.6%	85.7%	79.7%	85.3%
肢・知	38.5%	35.1%	23.9%	31.2%
肢・病	75.4%	70.1%	66.7%	71.3%
肢・知・病	35.8%	32.6%	23.7%	29.5%

出典：特別支援教育資料（令和２年度）

とする教育課程」とは，各教科や道徳，外国語活動，総合的な学習の時間の内容の一部，または各教科，外国語，総合的な学習の時間そのものを自立活動に替えて教育課程を編成することとなる。肢体不自由特別支援学校では，幼児児童生徒の障害が重度化･重複化･多様化していること，多様な実態に対して個別的に指導を行っていく必要性が高いことから，自立活動を重視する傾向にある。そのため，2001年に特別支援教育総合研究所が行った調査では，「自立活動を主とする教育課程」を編成する学校が小学部で50.3％，中学部で40.5％に上っている（全国特別支援学校肢体不自由教育校長会，2011）。

２．通常学校で学ぶ肢体不自由児に対する教育課程の編成

通常学校で学ぶ肢体不自由児は，通常の学級で学ぶ，通常の学級で学びつつ通級による指導を受ける，特別支援学級で学ぶ，のいずれかとなる。このうち，通常の学級に在籍する肢体不自由児については，基本的にほかの児童生徒と同じ教育を受けながら，必要な支援を受けていると考えられる。

2016年告示の小学校学習指導要領，中学校学習指導要領では，特別支援学級における教育課程を編成するにあたり「自立活動を取り入れる」ことが，通級による指導においては「自立活動の内容を参考にする」ことが新たに規定された。また，通級による指導では，「自立活動の内容を参考」となっているものの，「障害による学習上又は生活上の困難の改善又は克服を目的とする指導である」と明記されていることから，原則としては障害に応じた指導（≒自立活動）を行うと理解される。すなわち，通常学校で学ぶ肢体不自由児に対しては，各教科等の指導に自立活動を加えた教育課程が編成されることとなる。

参考文献

文部科学省（2017）「特別支援学校学習指導要領解説　総則編」.

文部科学省（2021）「特別支援教育資料（令和２年度）」.

全国特別支援学校肢体不自由教育校長会（2011）『障害の重い子どもの指導Q&A――自立活動を主とする教育課程』ジアース教育新社.

（丹野傑史）

Q 67　病弱・身体虚弱の幼児児童生徒の教育課程はどのように編成されているの？

1．特別支援学校における指導

病弱･身体虚弱者を対象とする特別支援学校では対象となる疾患が時代とともに変化し，それに伴い教育課程の編成が工夫されてきた。1955年頃までは結核等の感染疾患が中心であり，治療に長期の入院を必要としていた。当初は学校教育が受けられないことが問題であったが，養護学校が整備されるとその対象となっていった。当時の教育課程は小中学校等に準じた教科学習中心のもので，体育の代わりに「養護･体育」を設け，安静･運動･レクリエーションなどが行われていた。

1960年代からは筋ジストロフィーが一定の割合を占めるようになった。当時は20歳前後で亡くなる子どもが多く，卒業後も継続療養になることが多かったため，教育内容は学校を含む生活の充実に重点が置かれていた。昭和46年改訂の学習指導要領で設けられた「養護･訓練」では，心理的安定や移動能力が主に課題として取り上げられていた。現在では医療や機器の進歩により，卒業後に在宅で過ごすケースも増えてきており，就労も含めたQOL（生活の質）の充実が求められてきている。

1970年代になると結核の占める割合が激減し，喘息や腎疾患等，慢性疾患の割合が急増した。教育課程は基本的には結核の時代と同様に小中学校等に準じたもので，「養護･訓練」に病気に応じて水泳や乾布摩擦などが取り入れられるようになった。授業時数は小中学校等に準じるが，１単位時間を短くするなどの工夫もなされている。現在は在宅での治療が中心となり，地域の小中学校における支援の充実が求められている。

1979（昭和54）年の養護学校義務化と共に，病院や施設に入所している重度･重複障害児が入学してくるようになった。これらの幼児児童生徒に対しては「養護･訓練」（現在の自立活動）中心の教育課程が組まれるようになった。

現在ではAAC（拡大代替コミュニケーション）やAT（支援技術）の考え方が導入され，様々な機器や技術を活用しながらの指導が展開されている。

ここ数十年の医療の進歩により，小児がん（白血病や脳腫瘍等の悪性新生物疾患）の約８割が治るようになり，入院前に在籍していた学校（前籍校）に戻ることも増えてきた。教育課程は教科学習が中心であるが，入院期間が比較的に長期になりやすいため，前籍校と学習の進度や内容に差が生まれやすく，前籍校との連携や復学を見通した指導･支援が求められている。

近年，病弱教育の対象となる病気でもっとも大きな割合を占めているのが心身症やうつ，適応障害等の精神疾患である。精神疾患は自閉スペクトラム症（ASD）や学習障害（LD），注意欠陥多動性障害（ADHD）等の発達障害の子どもがストレスの強い環境の中で二次的に患うことも多く，発達障害児への対応も課題となっている。教育課程は小中学校等に準じた教科学習が中心であり，自立活動では復学後や卒業後の環境への適応をめざした指導が行われている。

２．訪問による指導

特別支援学校では病気の治療や入院･入所のために通学して教育が受けられない幼児児童生徒に対して教員を派遣して教育を行っている（訪問による指導）。訪問による指導では幼児児童生徒の家庭や入所･入院している施設･病院で教育が行われる。病気等の状態や訪問先の環境や実情が様々であり，授業時数も限られるため，教室における指導をそのまま実践することができないため，指導方法や指導体制に工夫が求められる。

３．特別支援学級における指導

病弱･身体虚弱児を対象とする特別支援学級には小中学校内に設置される学級と病院･施設内に設置される学級（いわゆる院内学級）とがある。教育課程は，原則として小･中学校の学習指導要領によって編成されるが，幼児児童生徒の病気や障害の状態や学級の実態を考慮し，必要に応じて特別支援学校の学習指導要領を参考にし，自立活動を取り入れたり，下学年の教科の目標や内容を取り入れたりすることができる。　（石川慶和）

Q68　重度・重複障害のある幼児児童生徒の教育課程はどのように編成されているの？

1．重度・重複障害児の教育課程編成の特徴と方法

重度･重複障害児を対象とした教育課程で特徴的なことは，例えば，小学部･中学部の場合，各教科等の一部または全部に替えて自立活動を主とした指導を行える点，そして，児童生徒の実情に応じた授業時数を適切に定められる点である。ただし，編成にあたっては障害が重度かつ重複しているという理由だけで各教科等の目標や内容を取り扱うことを全く検討せず，安易に自立活動を主とした指導を行わないように留意する必要がある。そのため，2017（平成29）年改訂の特別支援学校学習指導要領解説総則編第3編第2章第8節には，各教科を中心とした教育課程か，自立活動を中心とした教育課程かの選択及び目標設定の手続きが次のように例示されている。

① 各教科の目標設定に至る手続きの例:a児童生徒の学習状況が何学年相当か把握する。b知的障害者を教育する特別支援学校の各教科の目標を参照し，児童生徒の学習状況が何段階相当か把握する。c卒業までに育成を目指す資質･能力を検討し，在学期間に提供すべき教育の内容を見極める。d各教科の目標及び内容の系統性を踏まえて教育課程を編成する。

② 自立活動の目標設定に至る手続きの例:a個々の児童生徒の実態を的確に把握する。b実態把握に基づいて指導すべき課題や課題相互の関連を整理する。c個々の実態に即した指導目標を設定する。d自立活動の6領域の内容から，個々の児童生徒の指導目標を達成させるために必要な項目を選定する。e選定した項目を相互に関連付けて具体的な指導内容を設定する。

なお，上述①の各教科を主とした教育課程の可能性を検討した結果，知的障害者を教育する特別支援学校の各教科の目標の１段階の習得が難しそうな場合には，１段階から丁寧に指導するという判断がある一方で，自立活動に替えて指導するという判断もあるとされる。この点が両者を選択する際の分

岐点となっている。

２．教育課程の構成要素

重度･重複障害児を対象とした教育課程の編成では，教員に多くの裁量が委ねられる。教育課程編成の主な構成要素は，人，場所，学習目標，学習内容，時間である。人には幼児児童生徒，教員，場合によっては医師や専門家，保護者などが含まれ，場所には使用可能な教室数や広さ，設備などが含まれる。学習目標には学校教育目標や個別の指導計画などの目標が含まれ，学習内容には各教科等の学習や自立活動の学習，行事などが含まれる。そして，時間には年間授業時数や各授業の単位時間などが含まれる。

教育課程編成の中心的な業務は，時間割作成時における領域性（スコープ）の検討と年間指導計画作成時における系統性･順序性･連続性（シークエンス）の検討である。時間割作成時には，担当する学部や学年の集団の実態に基づいて次のことが検討される。学習活動を通して①何が目指され，②目標を達成するためにどのような学習内容が必要か。③各学習内容を個人，集団などどのような学習集団で行い，④それをどの場所で行うか。そして，⑤各学習内容にはどの程度の時間を配分し，⑥各学習内容をどの教員が担当するかが検討される。後者の年間指導計画作成時には，時間割に配置された各学習内容について，当該年度を通して①どの時期に，②どのような内容の単元や題材，行事を配置し，③各単元などにはどの程度の期間をかけるのか，また，④各単元などの順番や繋がりが適切であるかが検討される。これらはすべて，学校教育目標及び学習指導要領に示された学習目標，そして在籍する幼児児童生徒の個別の指導計画や個別の教育支援計画に記された目標などに基づき，ボトムアップとトップダウンの視点を持ってカリキュラム･マネジメントが検討される。

重複障害学級には，医療的ケアを必要とする幼児児童生徒も多く，また摂食や排泄などが大切な学習になる場合もある。安全で無理のない，また，幼児児童生徒の興味･関心や発達に応じた学習内容の精選や時間配分が求められる。

（池田吏志）

第6章
障害以外の特別の教育的ニーズ

Q 69　日本語を母語としない子どもやその家族のニーズにはどのようなものがあるの？

近年，日本社会の多文化･多言語化が進んでいる。法務省によると，2019（令和１）年6月末現在，日本にはおよそ195カ国から2,829,416人が暮らしており，そのうち18歳未満の子どもの数は308,764人である。その中で多くの子どもたちの母語（第一言語ともいう）は日本語以外の言語である。彼らと彼らの家族の教育的ニーズは主として１．ことばのニーズと，２．進路支援のニーズがある。それぞれについて詳しくみていこう。

１．ことばのニーズ

日本語を母語としない子どもは日本の学校で学び，社会で生活していく上で日本語を学び，母語能力を保持することの両方が大事である。

（1）日本語学習のニーズ

まずは，日本語学習のニーズは一番大きい。文部科学省が実施している「日本語指導が必要な児童生徒の受入状況等に関する調査」によると，2018（平成30）年度には公立小中高等学校，義務教育学校，中等教育学校及び特別支援学校には93,133人の外国籍児童生徒が在籍しており，そのうち40,485人は日本語指導が必要な児童生徒である。ここで「日本語指導が必要な児童生徒」とは，「日本語で日常会話が十分にできない児童生徒」及び「日常会話ができても，学年相当の学習言語が不足し，学習活動への参加に支障が生じており，日本語指導が必要な児童生徒」を指す。つまり，来日して日が浅い子どもだけではなく，日本で生まれ育って日本語が上手に話せても，授業の内容を理解するために日本語を一生懸命学ばなければならない子どもの日本語指導に学校が力を入れなければならない。ちなみに，日本語指導が必要な児童生徒の中には日本国籍の者も10,274人いる。そのような子どもの両親のどちらか（多くの場合，母親）が外国人であり，家庭では親と母語で話す子どもの日本語力は学習する上では不十分である。

さらに，家族の日本語のニーズも大きい。多くの子どもたちの両親も日本語ができないため，日本の学校への就学手続きについて，学校で求められることについて理解できないことがあり，教育行政や学校側とのコミュニケーションに必要な通訳のニーズがある。

（2）母語支援のニーズ

次に，母語支援のニーズが高い。上記の文部科学省の調査によると，日本語指導が必要な児童生徒の母語で多いのはポルトガル語，中国語，フィリピノ語，スペイン語，ベトナム語，英語，朝鮮･韓国語の順である。第二言語である日本語の学習を母語である第一言語が助けてくれる。なぜならば，日本語で理解できない単語，抽象的な概念の意味を母語に訳して理解することができるからである。また，母語で話すことは家族のコミュニケーションにとって重要である。日本語が話せない両親と母語が話せない子どもの間にコミュニケーションが薄れ，相互理解が妨げられトラブルが起こりやすくなる。さらに，子どもたちが母国に帰国することになったら，そこで母（国）語で教育を続けられるためにも母語支援が求められている。

日本語能力と母語能力の両方の育成はこの子どもたちの学力の向上，いじめ，不登校の予防にとって不可欠である。

2．進路支援のニーズ

ことばのニーズの次に浮上するのは，進路支援のニーズである。日本では義務教育は中学校までであるため，15歳のときに高校進学と就労の選択が迫られる。この年齢の日本人の9割以上が高校に進学していることに対して，外国人の進学率は6割に満たない。その原因には家庭の経済的な事情がたまにあるが，日本語能力の限界により高校の受験をあきらめる人もいれば，受験制度が分からないという人もいる。また，外国人を対象とする特別枠を導入している高校も限られている一方で，外国人生徒が在籍する高校においては日本語指導の環境整備が不十分であり，中途退学する者が多い。外国人生徒自身とその家族は，高校受験などに関する情報提供や継続的な日本語指導といった進路支援のニーズが高い。　　　　（タスタンベコワ･クアニシ）

Q 70　生活困窮世帯の子どもに対する支援にはどのような方法があるの？

1．生活困窮世帯が抱える課題

生活困窮世帯と一口に言っても，日々の食事に事欠く状態から，例えば高校や大学進学に必要な費用を捻出できない，あるいは家計に余裕がなく共働きやパートの掛け持ちなどで子どもの養育を十分に行えないなど，さまざまである。

日本において生活困窮世帯がどの程度存在するのかを把握するための指標や数値は幾つかある。その1つが生活保護を受けている世帯数である。2021（令和3）年1月に厚生労働省が行った『被保護者調査』によると，1,638,184世帯が生活保護法に基づく保護を受けている世帯（被保護世帯）であった。総務省が公表している2021（令和3）年1月時点の全世帯数は5,949万7,356世帯であるから，かなり少数派であることがわかる。しかしながら生活保護の認定は条件が厳しく，生活困窮世帯の数を正しく反映しているとは言いがたい。しかも生活困窮世帯へのまなざしは厳しく，公的支援を受ける人は少しの贅沢も許さないといった言説も溢れている。人が生きるということは，単に生命を維持するというだけにとどまらない。生活の質もまた，人が生きる上で極めて重要なものである。

2．子どもの相対的貧困率

「子どもの貧困」を問題にする場合，生活保護数ではなく相対的貧困率から考えるとよりリアルな状況が見えてくる。相対的貧困率とは，収入から直接税と社会保険料を除いた可処分所得の中央値の一定割合（50％を貧困線とすることが多い）を下回る所得しか得ていない世帯の割合のことを指す。「子どもの貧困率」とは，子ども全体の中で相対的貧困家庭に属している子どもの割合を意味する。

2019（令和1）年の厚生労働省『国民生活基礎調査の概況』によれば，子どもの相対的貧困率は，13.5％となっており，平均すると35人学級のうち5人が貧困線を下回る経済状況で暮らしていることになる。しかもひとり親家庭の子どもに限って見てみると，貧困率は48.1％となり，ひとり親家庭のおよそ半数が貧困状態という驚くべき状況である。

ひとり親家庭が貧困なのは当然と思う人もいるだろう。しかし世界の「常識」に当てはめると，その認識こそ改める必要がある。なぜならば，政府による貧困削減政策がうまくいっている国では，子どものいる世帯は，所得から税金と社会保険料を引き，児童手当や年金などの社会保障給付を足した「再分配後」には優遇されるはずなのである。しかし日本の場合，ほとんど効果がない。すなわち，他の先進国では当たり前のように優遇されている「子どものいる世帯」が，日本では貧困状態に陥りやすくなっているのである。

３．生活困窮世帯への支援

子どもがいる生活困窮世帯への支援として，生命を守ることに直結する「子ども食堂」やフードバンクによる食料供給だけではなく，彼らの生活やその後の人生を支えるための学習支援や「居場所」づくりなど，様々な取り組みが官民を問わず全国的に広がっている。公的な支援の代表とも言える就学援助（学校教育法第19条）においても，従来は入学後の支給であったのが，入学前に必要な学用品を準備できるようにと前倒しして支給する自治体も出てきた。就学援助を受給するためは「要保護者」,「準要保護者」と認定される必要がある。生活保護法第6条第2項の規定する「要保護者」と認められれば，学用品費や通学費，修学旅行費，医療費，学校給食費，クラブ活動費等が国と地方自治体によって支給され，各地方自治体の規定により「準要保護者」と認定されると地方自治体から援助金が支払われる。

このように様々な支援が行われているとはいえ，社会保障という意味で日本は，子どものいる世帯に寛容ではない。しかしながら，貧困の連鎖を断ち切るためには，生活困窮世帯にいる子どもたちが自立して生きていくための支援が必要不可欠である。彼らの「今」を守りつつ,「将来」を支えていく支援が求められている。

参考文献

阿部彩（2021）「日本の相対的貧困率の動向：2019 年国民生活基礎調査を用いて」科学研究費助成事業（科学研究費補助金）（基盤研究B）『「貧困学」のフロンティアを構築する研究』報告書.（三時眞貴子）

Q 71　生活困窮世帯を支えるためにどのような連携が必要なの？

1．社会問題としての子どもの生活環境

2010年7月8日，「子ども･若者育成支援推進法」が施行された。第1条によると，この法律は「子ども･若者が次代の社会を担い，その健やかな成長が我が国社会の発展の基礎をなすもの」にもかかわらず，「子ども･若者をめぐる環境が悪化し，社会生活を円滑に営む上での困難を有する子ども･若者の問題が深刻な状況にある」という認識に基づき，国や地方自治体が子どもや若者の生活環境や教育，医療，就労環境の整備を行うことを定めたものである。これを受けて，各都道府県，市町村レベルでの子どもの家庭環境，いじめや不登校，発達障害等の実態把握が，徐々に行われるようになってきた。子どもや若者の「健やかな成長」はもはや個人的問題でも家庭内の問題でもなく，国を挙げて取り組むべき社会全体の問題となっているのである。

国や地方自治体による支援が法的に規定されたとは言え，それだけでは支援の網からこぼれ落ちる人たちが出てきてしまう。なぜなら支援を提供する側（官民あるいは個人や組織を問わず）は，彼らなりの基準で被支援者を選別し，できる範囲で支援を行うからである。生活困窮世帯への支援に対しては，自己責任論のもとに支援そのものを否定する意見も含めて様々な意見がある。しかしながら社会的に難しい状況に「陥る」ことは誰でも起こりうるリスクの1つである。しかもその状態を放置することは，社会にとっても経済損失などの大きなリスクとなる。個人的，社会的リスクを軽減するためには，社会全体でこうした支援の必要性を認識することが必要不可欠である。

2．福祉の複合体論

このような状況のなかでは，様々な支援が求められる。なぜならば1つの指標で全ての支援を行うことは無理だからである。こうした独自の救済原理

を持つ多様な担い手が相互に関係性を持った構造的複合体として，支援／福祉供給のあり方を捉える見方を福祉の複合体論と言う。福祉の総体性を考えようとするこの考え方は，とりわけイギリスの歴史学の文脈で志向されている。なぜならば，イギリスは長きにわたって，チャリティや民間による豊富な支援が多元的に存在してきた一方で，現在，そうした官民が相互補完的あるいは多元的に織りなす福祉国家のあり方が揺らぎ，現実的には解体の方向に向かう中で，複合的な福祉システムの重要性が見直されているからである。イギリスにおける複合的な福祉のあり方は，官民が必ずしも意図的に連携したわけではなく，結果として多元的な福祉システムを作り出してきた。

3．支援における課題

一方で，現在の日本では，官民が連携して生活困窮世帯，とりわけ子どもを持つ生活困窮世帯を支援する取り組みが進んでいる。政府は「子ども食堂」や学習支援をはじめ，様々な支援活動に補助金を出しているが，その財源の確保が問題となっている。その対策として行われているのが，個人や企業などから寄付を募り，それを補助金の財源にする方法である。

2015年に官民による「子供の未来応援国民運動」の一環として創設された「子供の未来応援基金」もその1つである。その一方で，公的補助金に頼らない持続的な支援の体制を作ろうとしている人たちもおり，また，実際の支援活動の情報が必要な人たちに届いていないのではないかという懸念の声も聞こえる。そのためにも，生活困窮世帯と直接つながっている学校や地域との連携が求められている。もちろんイギリスの事例にあるように，必ずしも連携する必要はない。それぞれができる範囲で支援に関わっていくことが，結果として多元的で複合的な支援の仕組みを作り出すのであり，持続的な支援体制の構築のためには，そのことこそが重要なのである。

参考文献

高田実（2017）「福祉の歴史学」歴史学研究会編『第4次 現代歴史学の成果と課題1 新自由主義時代の歴史学』績文堂出版．

（三時眞貴子）

Q 72　児童虐待ってなに？

2019（令和元）年度の児童虐待相談対応件数は速報値で193,780件と，統計調査開始時（1990〔平成2〕年度）のおよそ176倍となっている。児童虐待とは，どこまでを「児童虐待」として扱うのか，非常に難しい。ただし，法的には「児童虐待」とは明確に定義されており，保護者（親権を行う者，未成年後見人その他の者で，児童を現に監護するもの）が，その監護する児童について行う，次に掲げる行為のこととされている。

一　児童の身体に外傷が生じ，又は生じるおそれのある暴行を加えること。

二　児童にわいせつな行為をすること又は児童をしてわいせつな行為をさせること。

三　児童の心身の正常な発達を妨げるような著しい減食又は長時間の放置，保護者以外の同居人による前二号又は次号に掲げる行為と同様の行為の放置その他の保護者としての監護を著しく怠ること。

四　児童に対する著しい暴言又は著しく拒絶的な対応，児童が同居する家庭における配偶者に対する暴力（配偶者（婚姻の届出をしていないが，事実上婚姻関係と同様の事情にある者を含む。）の身体に対する不法な攻撃であって生命又は身体に危害を及ぼすもの及びこれに準ずる心身に有害な影響を及ぼす言動をいう。）その他の児童に著しい心理的外傷を与える言動を行うこと。

また，直接的な暴力行為ではないドメスティック・バイオレンス：DVの目撃や子ども医療虐待と呼ばれる行為も虐待行為である（表6-72-1）。

ここ数年，虐待により幼い命が奪われるなどの痛ましいケースが広く報道され，「虐待」に強い拒否感を持っている人は多い。一方で，そうした拒否感のために，虐待とまでは言えないにしろ，親がわが子へ不適切な養育を行っていても，その事実を認められなかったり隠そうとしたりすることで，支援が適切に届かない場合もある。だが，しつけとして，子どもに必要な社会性を身に付けさせる上で時に厳しく言いすぎてしまったり，子育てのスト

表6-72-1　児童虐待の定義

虐待の種類	法的な定義と主な虐待行為例
身体的虐待	殴る，蹴る，投げ落とす，激しく揺さぶる，やけどを負わせる，溺れさせる，首を締める，縄などにより拘束する　などの身体への暴行
性的虐待	子どもへの性的行為，性的行為を見せる，性器を触る又は触らせる，ポルノグラフィティの被写体にする　など
ネグレクト	家に閉じ込める，食事を与えない，ひどく不潔な状態のままにする，自動車等に放置する，診察の必要性が強くあっても病院に連れて行かない　など
心理的虐待	言葉による脅し，中傷，無視，存在や人格の否定，きょうだい間での差別的扱い，子どもの目の前で家族に対して暴力を振るう　など
DVの目撃	家庭内で家族への身体的暴力，暴言や精神的嫌がらせ，脅迫，生活費を渡さない，行動を制限するなどの暴力行為を目撃させる　など
子ども医療虐待	養育者の意図により子どもに対して不必要で有害なもしくは有害になり得る医療的ケアをする，痛みを伴う検査を種々受けさせる，不必要な手術を受けさせる　など

レスから子どもにひどくあたってしまったりすることが全くない保護者などいない。また，保護者には全くそうした意図はないにもかかわらず，例えば，きょうだいとひどく比べられた，保護者に愛されていない，と子どもが感じてしまうことなども，完全に避けて通れることではない。こうした保護者の子どもに対する「不適切な関わり（マルトリートメント）」が子どもの愛着形成に影響し，脳機能にまで影響を及ぼすことも明らかにされている。

このように，児童虐待によって愛着形成が妨げられることにより，反抗的な行動や攻撃的な行動を見せる，衝動性や多動性を見せる，貧困な自己イメージを持っている，自分の殻に閉じこもる，友達の輪に入ろうとしない，感情のコントロールができない，といった，コミュニケーション上の問題や行動上の問題など「発達障害」に類似した行動や様子を見せる場合がある。あるいは，生来の発達障害の特性により保護者の子育てストレスを高め，児童虐待行為を引き起こしてしまった結果，元々の発達特性に起因する行動に加え，上述のような状態に至ることもあることがわかっている。経済格差や保護者の多忙化などの影響を受け，児童虐待は年々増加している。学校では虐待は特別な家庭に起こるもの，として見過ごすことなく，子どもの様子を丁寧に見取り，小さなサインに気付くことが重要である。　　　（山崎　茜）

Q 73　児童虐待に気づいたときの対応とは？

1. 虐待の発見と通告義務

近年，虐待も含めた広い概念として，子どもにとっての不適切な養育を「マルトリートメント」と捉えるようになってきた。マルトリートメントや虐待の背景には子育てへのストレスがある。子どもの行動や気質，発達の状況，夫婦関係や経済状況といった様々な要因が子育てのストレスを高める。こうしたストレスは他からのサポートがあれば低減するが，多忙化し核家族化している社会や，保護者自身の生育歴等の影響から，保護者が社会的に孤立している場合もある。保護者の意図の有無にかかわらず虐待やマルトリートメントはどんな家庭にも起こり得るものである。そのため，虐待を受けている子どもに気づいた場合は全国民にその通告義務があるとされている。虐待対応は早期発見と介入が重要である。厚労省は現在児童相談所虐待対応ダイヤル「189」を設定し，虐待の可能性に気づいた場合の相談や通告をしやすい環境（通話料は無料，通告･相談は匿名可）を整えている。

特に教師は学校生活での子どもの様子を通じて，虐待やマルトリートメントに最も気づきやすい存在であると言える。そしてそうした職務上の性質から，児童虐待防止法において，学校やその教職員は，児童虐待の発見や通告･保護についての特別な協力義務者として位置付けられている。虐待の可能性に気づいた場合，市区町村を通じて，または直接児童相談所に通告することとなる。

2. 家族再統合と外部連携

虐待に対し学校や教職員は特別な協力義務を負っているが，虐待の可能性に気づいて即通告の判断を要する場合とそうでない場合があり，場合によっては通告してしまったがために事態の悪化を招いてしまうこともあり，通告のタイミングや対応の仕方は様々である。もちろん，虐待を受けている子どもや，その保護者自身の命の危険性が高い場合や，性的虐待の可能性が高く子どもの安全な家庭生活が保障されない場合には，速やかに児童相談所に相談･通告する必要がある。

この判断において重要となるのが,「家族再統合」という視点である。児童相談所は通告を受けた子どもについて，受理会議を行い，虐待の可能性のある家庭について調査をしたり子どもの安全確認を行ったりする。そして，その結果子どもの安全を確保するために子どもを家庭から離す必要があると判断される場合には，その子どもを一時保護する。つまり，児童相談所に相談･通告したからといって，すぐに子どもの一時保護がなされる訳ではない。また，児童相談所に一時保護された子どもたちが永続的に家庭に戻らず施設で過ごす，というケースもまた稀である。虐待対応の真のゴールは「家族再統合」であり，虐待に至ってしまう保護者と虐待を受けた子どもが再度家族として生活できるように支援･指導することにある。そのためにはその家族を学校や地域が見守り，支え，再統合を支援していくこととなる。この時，学校や教職員が相談･通告したことについて保護者が不信感を持ち，学校や地域と保護者の連携がとれなくなってしまうようでは，効果的な支援や指導が行いづらく，望ましい「家族再統合」の状態も遠ざかってしまう。

そうした不信感を招かないためにも，ひいては，保護者が虐待にまで至らないためにも，日頃から学校は子どもたちの様子を十分に把握し，支援を必要とする子どもや家庭には校内外で連携して支援することが必要となる。また，児童相談所とも，気になる子どもの様子や家庭の状況，虐待の対応の仕方について連携しておくことが効果的な「家族再統合」の支援につながる。このために，教師側も１人で抱えるのではなく，子どもの様子などについて複数の教員で共通した理解を持てるよう連携し，虐待の可能性に気づいた場合は速やかに管理職に報告･相談し，組織的に対応していく必要がある。現在,「チーム学校」として校内外の連携の必要性が示されているが，日頃から校内に連携の姿勢があることが虐待対応においても重要である。

（山崎　茜）

Q 74　なぜ不登校になるの？

1．不登校の背景要因

文部科学省（2021a）は，不登校児童生徒を「何らかの心理的，情緒的，身体的あるいは社会的要因・背景により，登校しないあるいはしたくともできない状況にあるために年間30日以上欠席した者のうち，病気や経済的な理由による者を除いたもの」と定義しており，2020（令和２）年度の不登校児童生徒数は小学校・中学校合計約19.6万人（2.0％）である。インクルーシブ教育システムにおいては，同じ場で共に学ぶことを追求するとともに，個別の教育的ニーズのある子どもに対して，自立と社会参加を見据えて最も的確な指導を提供できる，多様で柔軟な仕組みを整備する必要がある。不登校の問題は，インクルーシブ教育システムの推進にも大きく関わることである。

不登校の背景要因について文部科学省（2021a）は，①学校に係る状況，②家庭に係る状況，③本人に係る状況，④①～③に該当なし，の４つに分けており，小中学生の不登校の主たる要因は，多い順に，③（59.1％）→①（22.6％）→②（13.6％）→④（4.7％）であった。要因別に不登校の理由を詳細に見ていくと，③では，「無気力・不安（46.9％）」，「生活リズムの乱れ・あそび・非行（12.0％）」①では，「いじめを除く友人関係をめぐる問題（10.5％）」，「学業の不振（5.4％）」，「入学・転編入学・進級時の不適応（3.3％）」，「教職員との関係をめぐる問題（1.2％）」，「学校の決まり等をめぐる問題（0.8％）」，「進学に係る不安（0.8％）」，「クラブ活動・部活動等への不適応（0.4％）」，「いじめ（0.2％）」，②では，「親子の関わり方（8.9％）」，「家庭の生活環境の急激な変化（2.9％）」，「家庭内の不和（1.8％）」の順であった。全般的に，小学生と中学生間において，不登校の要因については類似した傾向を示していた。不登校である小中学生の数は，平成30年度は16.5万人，令和元年度は18.1万人，令和２年度は19.6万人と増加の一途をたどっている。特にここ２年ほどの増加は著しく，新型コロナウイルス感染拡大に伴う学校閉鎖や感染への不安，登校せずとも授業が何とか成立したことによる登校への意欲喪失なども理由の一部として考えられる。

２．不登校と障害との関連

文部科学省（2021b）によると，令和２年度の特別支援学校小学部･中学部における不登校児童生徒数は707名（0.89%）であり，小中学校と比較するとその割合は少ないが，増加傾向にある。また，病弱特別支援学校には心身症に伴う不登校経験者が多く在籍していることにも留意する必要がある。小中学校の不登校児童生徒のうち約３割に発達障害があるとされ，そこから身体症状や不安感や抑うつ感，無力感などの精神症状や，引きこもりなどの適応行動の障害，そして不登校へとつながることがある。

障害のある子どもにとって，障害のない子どもと同じように行動･学習することが困難なことがある。特に一見して障害や困難があることが分かりにくい場合，教員や周囲の子どもからは，やる気のなさや努力不足，わがまま，さらに親の養育態度など家庭の問題として誤解されやすく，教師からの注意や叱責，周囲の子どもからの非難やからかいを受けやすいといった問題が発生する恐れがある。また，こうした子どもが頻繁にトラブルを起こして周囲が迷惑する場合もあれば，反対に周囲の子どもの欲求不満のはけ口として，いじめのターゲットとなることもある。このように，学校がストレスや重圧に満ちた場になり，「学校における人間関係」に問題が生じると，登校することに対して「無気力」や「不安」になり，それが最終的に不登校という形で顕現化することがある。また，先述の通り，家庭における問題が不登校につながっている可能性もあるため，学校と家庭とが連携しながら，個々の事案に対する不登校の背景要因を探りつつ，適切な対応を図っていくことが必要である。

参考文献

文部科学省（2021a）「令和２年度児童生徒の問題行動･不登校等生徒指導上の諸課題に関する調査結果について」https://www.mext.go.jp/content/20211007-mxt_jidou01-100002753_1.pdf

文部科学省（2021b）「令和３年度学校基本調査」

（川合紀宗）

Q 75　不登校の子どもや家族を支えるための方法にはどのようなものがあるの？

1．問題の実態把握と解決に向けての目標設定

不登校の背景には，個人要因と環境要因が存在する。不登校の支援には，可能な範囲でこの２つの要因について把握することが重要であるが，その要因を追求することばかりにとらわれず，子どもが抱える漠然とした不安やストレスに寄り添い，それらを軽減させる取り組み，そして学校復帰後や更なる将来も考慮した取り組みを，不登校の初期段階から計画的かつ継続的に行う必要がある。不登校の子どもにとって，学校や保護者からの過度な介入や励まし，原因の追求は，むしろ心理的重圧となることもあるので，本人の気持ちを大切にしつつ，無理のない範囲で不登校の要因を探りつつ，解決策について話し合っていく必要がある。また，実態把握にあたっては，学校と家庭が信頼関係を築き，否定的な話題やエピソードについてもきちんと包み隠さず出し合う必要がある。ただし，実態把握の目的は，不登校の解決に向けた取り組みについて検討することであり，責任のなすり合いにならないよう，同じ目標に向かう立場同士としての建設的な対話や対応についての事前の合意形成が必要である。また，環境面の改善策として，子どもの認知特性やつまずきの原因についての理解を促し，具体的な支援方法を提案することも重要である。

2．不登校の支援の在り方

不登校に対する支援の在り方は，個々によって様々ではあるが，ここでは，不登校の一般的経過の目安（山本，2005）に基づき，初期，中期，後期の各段階における子どもへの支援の在り方について述べる。まず，不登校の初期段階で，遅刻や欠席が目立ち始めた場合は，可能な範囲で実態把握をした上で，対応策を共に考え，無理のない登校の仕方を検討する。ただし，連続して欠席するとさらに学校へ行きづらくなる場合があるため，例えば２日

以上続けて休まない，などの具体的な目標を子どもと話し合いながら設定するとよい。しかし，欠席の状態が継続するようになると，短期間での学校への復帰は難しいことが多い。この段階では，保護者には登校してほしいという思いが強まる一方で，子どもには学校に行きたくない，行けない，という思いが強まり，親子間で相いれない状態となり，それが親子間の衝突につながることがある。また，保護者は我が子への対応に自信をなくし，学校に対して不信感を募らせることがある。そこで，再登校を促したり，学校に関わる話題を出したりするよりも，本人や保護者の心理の安定を目標に据える方が効果的である。

次に中期段階では，子どもの生活リズムが乱れ，怠惰になり，家族との接触を避けたいという思いから昼夜逆転になるなど，初期段階よりも不登校の状態が長期化する上，更に生活が乱れているように見える一方で，学校に関わる話題を出さなければ，親子間の衝突は起こらず，ある程度安定して過ごせるようになる。こうした状態が続くと，少しずつ社会との接触を求め始め，買い物に出かけるなど，外出が容易になったり，自ら何かをやり始めたりするといった変化が見え始める。この段階では，子どもには現状から抜け出そうとする前向きな気持ちと，どうせ抜け出せないといった投げやりな気持ちとが交錯する。教員や保護者は，子どもの小さな変化を把握し，それを子どもに伝えて褒めるなど，子どもが自信を持てるよう支援することが必要である。

後期段階は，学校への復帰が可能になる時期である。適応教室や保健室へ通うなど，断続的な通学が可能になってくる。宿題については，まずは簡単な内容のものを少量渡し，返却の際に努力を称えたり，励ましたりするコメントを書いておくとよい。その後，継続的に通学が可能になったとしても，客観的に乗り越えたと実感できるには時間がかかることもあるが，良い変化を子ども自身が実感できるよう，焦らず着実に支え続けることが重要である。

参考文献

山本力（2005）「不登校の子ども支援に関するガイドライン試案」『岡山大学教育実践総合センター紀要』5, pp.131-137.

（川合紀宗）

Q 76　性的マイノリティってなに？

1．性的マイノリティとは

「性的マイノリティ」とは，個人の「性」をある側面から捉えた際，多数を占める人々に対して少数であることを指す。このように，多数に対する割合としてではなく，LGBTIQA（Lesbian：レズビアン，Gay：ゲイ，Bisexual：バイセクシュアル，Transgender：トランスジェンダー，Intersex：インターセックス，Questioning：クエスチョニング，Asexual：アセクシュアル）といった呼称を用いることもある。

2．性を構成する要素

性を構成する要素はさまざまである。ここでは，生物学的性（Sex），社会学的性（Gender）の2つの観点から性を捉える。生物学的性は，「身体の性」とされ，性染色体，内性器・外性器，性ステロイドホルモンのレベルなどから決定される。社会的性は，個人の生育歴や生活文化，所属する集団の環境，宗教などあらゆる要素によって形成される。

社会的性には，「性自認（Gender identity）」（自分が男性であるか女性であるか，いずれでもないかの自己認識）や，「性役割（Gender role）」（自分が男性として，あるいは女性として果たす役割），「性的指向（Sexual orientation）」（恋愛や性交の対象となる性別）などが含まれる。なかでも「性自認」は，「心の性」とされる。

生物学的性で男女に分けることができたとしても，個人によってホルモンのレベルなどは異なる。そして，生物学的性と，「性自認」「性役割」「性的指向」の組み合わせ，個人のなかでのそれぞれの程度の違い考えると，私たちの性がいかに多様であるかがわかる。

3．多様な性

1で触れたように，近年では，LGBTIQAといった呼称を用いることもあ

表6-76-1　LGBTIQA

Lesbian	性自認が女性で，女性を性的指向の対象とする（者）
Gay	性自認が男性で，男性を性的指向の対象とする（者）
Bisexual	男性，女性のどちらも性的指向の対象とする 両性愛（者）
Transgender	身体の性と反対の性自認である（者）
Intersex	性分化疾患などにより，身体の性が男女どちらでもない（者）
Questioning	自分の性自認，性的指向の命名を避ける（者）
Asexual	無性愛（者）

る。このような呼称を用いることで，自分が何者であるのか，主体的に捉えることが可能になる人々もいる一方で，これらのどれにも属さない，と違和をより感じる人々もいる。

トランスジェンダーのうち，医療的措置を希望する人に対し「性同一性障害（Gender Identity Disorder : GID）」の診断名がつく。

また，表で示したもの以外に，SOGI（性的指向:Sexual Orientation と性自認:Gender Identityの頭文字をとったもの）という言葉もある。これは，性自認が身体の性と一致している人，一致していない人，また性的指向が異性愛の人，同性愛の人など，すべてがグラデーションのなかにあることを表すものである。

2．で確認したように，私たちの性はさまざまな要素から構成され，多様である。性は，グラデーションの中にあり，誰一人として全く同じではない。さらに，その人の性自認や性役割，性的指向が，生涯にわたり固定的である場合もあれば，ゆらぎを伴い，変化する場合もある。

したがって，これらの呼称で自身を捉え自ら他者へ伝えることと，第三者が外部から名指すことの意味は大きく異なることに留意する必要がある。

参考文献

中塚幹也（2017）「LGBTI当事者のケアに向けた学校と医療施設との連携」三成美保編著『教育とLGBTIをつなぐ――学校・大学の現場から考える』青弓社，pp.75-106.

（本渡　葵）

Q 77　性的マイノリティの子どもや家族に対してどのような支援が必要なの？

1．子どもへの支援　医療的支援

性的マイノリティの子どもに対する支援については，医療的支援が必要な場合と必ずしも必要でない場合とに分けて考えることができる。以下はその一例である。医療的支援が必要な場合には，①性分化疾患など医療的支援がなければ身体の生命維持に危機をきたす場合，②性自認，性的指向などへの違和により，うつ，自殺念慮など二次障害を伴う場合，③トランスジェンダーのうち，医療的支援を希望する場合，が挙げられる。医療的支援が必ずしも必要でない場合には，①性自認，性的指向などへの対応，②トランスジェンダーのうち，医療的支援を希望しない場合，が挙げられる。特に，性自認，性的指向そのものは，それ自体を医療的支援によって変えることはできない。その人の性は，さまざまな要素からなり，その人をなす大切なものである。

2．子どもへの支援　学校生活での支援

（1）各場面での支援例

文部科学省（2016）「性同一性障害や性的指向･性自認に係る，児童生徒に対するきめ細かな対応等の実施について（教職員向け）」では，学校生活内での各場面の支援について具体的に例示されている（表6-77-1）。

（2）子どもから相談を受けた場合

学校で，子どもから性に係る相談を受けることも考えられる。その際，以下のような点に留意する必要がある。

①　守秘義務の徹底：自身の性について悩み，不安になっている子どもにとって，教師への相談は大変な勇気を要することであろう。他の子どもや教師，時には保護者に対しても知られたくないと願う子どももいると考えられる。その場合は，本人の意思を尊重しながら，支援体制づくり

表6-77-1　学校生活での支援例（抜粋）

項目	支援の具体例
服装	自認する性別の制服･衣服や，体操着の着用を認める
髪型	標準より長い髪型を一定の範囲で認める（戸籍上男性）
更衣室	保健室･多目的トイレ等の利用を認める
トイレ	職員トイレ･多目的トイレの利用を認める
呼称の工夫	校内文書（通知表含む）を児童生徒が希望する呼称で記す 自認する性別として名簿上扱う
授業	体育又は保健体育において別メニューを設定する
運動部の活動	自認する性別に係る活動への参加を認める
修学旅行等	１人部屋の使用を認める 入浴時間をずらす

につなげていくことが重要である。

② 支援体制づくり：相談の内容や子どもが置かれている状況によっては，１で触れたように医療的支援の検討が必要な場合もある。また，子どもが望む場合，学校全体として取り組むべき支援が生じることもある。このような場合，校内での情報共有はもちろんのこと，スクールカウンセラー，外部の医療機関などと連携した支援体制づくりが求められる。

また，上記①②の前提として，多様な性や，それらを取り巻く社会の動向などを学び続ける姿勢が求められる。性自認，性的指向は，成長や環境の変化などに伴い，ゆらぎを伴う場合もある。形式的な対応ではなく，目の前の子どもにとって最善の支援を検討し，取り組むことが望ましい。

３．家族への支援

子どもの性に関する不安や悩みについて，すでに家族が十分に把握し，子どもと共有している場合とそうでない場合が考えられる。いずれの場合も，本人と家族の意向に沿った支援が求められる。医療や福祉の関係機関の紹介･連携なども視野に入れ，個々に合った支援が必要である。

（本渡　葵）

Q 78　ギフテッドってなに？

1．はじめに

教育の分野では，文化的背景によって用語の意味や概念が異なることが多い。その1つが「天才児」と「秀才児」であり，この概念を設け，適切な教育プログラムを実施することによって天才児，秀才児それぞれの能力を十分に高めることを目標としている。日本ではこれらを総称して「ギフテッド」と呼ばれることが多いが，「天才」と「秀才」という用語は，歴史的･文化的背景や，これらの用語が使用される状況や場面によって異なる意味を示す場合があり，関係者間で共通認識を持つには，こうした児童生徒が，①どのような用語で，②どのような（文化的）背景で，そして，③どのような意図で定義されているかを整理する必要がある。本稿では，「天才」と「秀才」を分けて述べる必要のない場合は，「ギフテッド」という用語を使用する。

ギフテッド児について考えるとき，生まれつき備わっている高い能力なのか，努力によって勝ち取った能力なのか，それとも両者が混在するのかという議論になる。そして，最終的には，教育に対する個人の権利の価値観と社会的責任によって，本人の能力･権利･責任を社会に対していかに公平に分配するかといった政治的配慮にたどり着く。英国，日本，米国の例は，「ギフテッド」の概念の複雑さを垣間見ることができる。

2．英国の実態

英国では，「天才児」と「秀才児」という用語が使用される前から，「イレブンプラス試験」というものがある。この試験は，1944年から導入されており，その目的は，グラマースクール（公立中等教育学校の中でも入学選抜を行う進学校）での学術研究に適した児童を11歳の時に選抜することである。選抜された児童は，将来優秀な大学に通い，卒業後に政治，官公庁，企業，研究，なかでも急速に発展する科学･産業分野において，リーダーシップと責任のある地位を築くことが期待される。彼らは将来，中流階級の中でも安定した地位を獲得することとなる。

英国では，伝統的に特定の職種につながる教育機会の提供によって反映された明確な階級制度がある。したがって，イレブンプラス試験は，優秀な資質を持つ個人を識別し，特別な教育プログラムによって育成するための優れた方法であると考えられてきた。確かに，イレブンプラス試験を導入した結果，多くの優秀な資質を持つ児童生徒が，持てる能力をさらに高める新たな機会を得ることができたが，主としてIQを手がかりに児童を振り分けることや，11歳以降に開花する可能性のある潜在的な「天才」と「秀才」を早期に排除している可能性に対しての批判が高まっている。

3．日本の実態

日本の文化は，英国のような伝統的な階級制度とは異なる。逆に日本では，偏った個人主義ではなく，集団の調和が重んじられるため，その集団共通のアイデンティティを形成することによって個人間の対立が回避されている。「ギフテッド」という考え方は，このような調和を重んじる環境では，妥当性や有用性に乏しいかもしれない。むしろ「ギフテッド」は，調和と協調性の混乱を招く要素と見なされるため，批判の的にされる可能性がある。もちろん日本には，入学試験など世間一般に認められた競争はあるが，偏差値の高い教育機関で受け入れられている児童生徒は，彼らの持てる特別な能力ではなく，自らの献身的な努力の成果として，その教育機関に在籍していると考えられている。児童生徒の努力や意欲は，潜在能力と同様に重要であり，地道な努力をするための意欲は，「ギフテッド」であろうがなかろうが，誰にでも育むことができると考えられている。

4．米国の実態

日本とは対照的に，米国は個人主義であり，競争は階級社会で生き残るための万人に開かれたものと認識されている。米国では，文化的背景として，可能性を持つ誰もが努力を通して成功できる機会を得ることができるという信念がある。ただし，この信念には，失敗は社会的構造や状況の結果ではなく，個人的な責任または無能力さによるものであると結論づけられてしまう負の側面がある。「ギフテッド」という考え方は広く受け入れられ，児童生徒の能力に応じて彼らを識別し，ラベル付けし，出世コースに乗せるための多くの特別な教育プログラムを通じて進級させていく。ただし，英国の制度では「天才」と「秀才」という概念を世間一般に広め，天才児と秀才児は別々の学校に配置されるのに対し，米国の制度では，数学や理科などの教科やバスケットボールなどのスポーツ，音楽などの芸術等，特定の領域によって「天才」と「秀才」を識別している。

5．まとめ

「ギフテッド」の概念は，このように国によって解釈が異なっている。例えば，低年齢で少数選抜された児童生徒に対してトップクラスの教育を行うことを世間一般が広く認めている場合，そこには階級制度が公平で当然であるという認識がある。その場合，調和は高い理想であり，そこに到達するために児童生徒は抑圧を増幅させ，個人の目標達成に向けて努力することによって，その成果を調和の代用とする。

見さかいのない競争は，多くの個人的なパフォーマンスの向上を動機づける反面，意欲や能力の低い，または競争する気持ちのない者を「敗者」としてラベリングし，彼らを社会から排除することも可能となる。

教育現場は，個人や社会のニーズと権利および競争と調和の間のギャップを埋め，現代社会に適合するような教育改革の必要性を感じている。こうした中，「ギフテッド」に対する教育の在り方をどのように捉え，制度化していく必要があるのだろうか。

グローバリゼーションの中，教育制度改革が進むにつれて，「ギフテッド」の概念について再考するよい機会が巡ってきている。民主主義は，教育哲学として，個人差や多様性，そして個々が自らを自由に表現する権利を認識し，重んじている。これは明らかに，他人の表現に対して，過度に干渉することを制約するものである。こうした表現の多様性を理解し，見守ることができる度量の大きさが，「ギフテッド」を育む教員には求められるだろう。

また，『誰が』「天才」や「秀才」なのかを問題にするのではなく，『どのように』多様で潜在的な個人の「天才」と「秀才」の側面を育んでいくかについての問題へと変えていく必要がある。多様性を認識することは，すべての児童生徒に「天才」と「秀才」の側面があり，個々によってそれが異なっていることを意味している。調和を大切にしつつ，こうした優れた潜在能力を見いだすための教育プログラムを，今後日本においてどのように展開していくか，また，そこにはどのような人材が関わっていくべきかを考えていかねばならない。

（キャロル･犬飼･ディクソン著･川合紀宗訳）

第７章

特別支援教育の今日的課題と今後の在り方

Q 79　外国にルーツを持つ障害のある子どもにはどのような課題があるの？

外国にルーツを持つ障害のある子どもは，外国にルーツを持つ障害のない子どもと同様に，低い日本語能力，移住による環境変化，異なる文化と習慣などを背景とした課題を抱えているが，これらに加えて，障害を背景とした困難も抱えているため，学校生活全体への支援が難しくなる。

1．日本語力の問題か障害かについての判断が難しい

特に，外国にルーツを持つ発達障害の子どもの場合，日本語力の低さを背景とする困難と，障害特性を背景とする困難とを区別しにくいかもしれない。例えば，国語で，音読が遅い，漢字の読み間違いや書き間違いが多い，算数の文章題で正しい式を立てられないなど，学習面の困難さの多くは，学習障害の特徴と一致する。日本語力の低さから生じているように見える学習面の困難さの中には，実際には学習障害が背景である可能性もあるが，どのように判別したらよいか，その方法が確立されていない。また，学校生活で状況を理解できずパニックを起こす場合，日本語力が十分でないため状況を理解できなかったのか，発達障害が原因なのかを判別することは難しい。

2．学習困難・授業参加が難しい

日本語がわからない外国にルーツを持つ子どもは学校の勉強についていけず，授業内容を十分に理解できないまま授業にただ参加していることがよくある。多くの場合，子どもたちは様々な日本語指導や支援を受けていく中で，日本語力が向上し，教科学習上の困難さは軽減され授業参加がスムーズになる。しかし，発達障害のある子どもの場合，低い言語力，異なる文化的背景などの要因に，障害特性の要因が複雑に絡みあって学習困難を示したり，授業参加が難しくなったりし，学習意欲，自信，自己肯定感の低下を引き起こすこともある。例えば，外国にルーツを持つ注意欠陥多動性障害

（ADHD）のある子どもの場合，学習や宿題のときに集中し続けるのが難しいというADHDの特性を持つ。それに加え，日本語の理解も不十分であれば，課題や活動をやり遂げることがさらに難しくなる可能性がある。

３．学校生活に適応するのが難しい

外国にルーツを持つ子どもは，低い日本語力，母国と日本文化の違いなどが原因で，学校生活で不適応を生じる場合がある。多くの場合，日本語の上達とともに，ルールを理解でき，友達との関係も良くなる。しかし，発達障害がある場合，日本語力に加えて，障害特性も不適応の背景となる可能性があるため，通常の説明や教え方で学校のきまり･ルールや遊びのルールを理解できないかもしれない。特に，自閉スペクトラム症（ASD）の子どもは弱い社会性，強いこだわりなどの障害特性があるため，周りの友達とのコミュニケーションが難しく，学校生活や対人関係でトラブルが多く，問題行動も生じやすい。また，日本語力が向上しても，そのときの場面や相手の感情や立場を理解できなかったり，友達関係をうまくつくれず，休み時間や自由時間に1人で過ごし，強い孤独を感じ，長期にわたって不登校状態に陥る場合もある。

４．保護者との関係づくりが難しい

外国にルーツを持つ障害のある子どもの保護者と関係をつくる際に，言語やコミュニケーションの問題を解決しても，障害の理解，学習の内容や方法など学校教育に関する認識にずれがあるかもしれない。例えば，子どもに行動面の問題があるとき，保護者はその原因を「学校や教師の対応や接し方が悪い」と一方的に決めつけ，あるいは，自分の子どもに障害があることや特別なニーズがあることを認めず，学校が「外国人の子どもを軽蔑している」と学校や教師を責めることもある。また，保護者自身の低い日本語力が原因で，学校と協力し合うことが難しくなることもある。一方，障害がある子どもをすべて学校の教員に任せ，子どもの教育を放棄する保護者や，学校の支援体制がないことを理由に子どもの就学を拒否する保護者も少なくない。

（裴虹）

Q 80　外国にルーツを持つ障害のある子どもに対してはどのような支援が必要なの？

国際化の拡大に伴い，日本では幼稚園や学校に外国にルーツを持つ子どもが入園･入学することが増え，この中には障害のある子どもも多く含まれる。しかし，現状では，幼稚園･学校で障害のある外国人の子どもを受け入れる際にどのような支援をすればよいのかという行政レベルの指針はない。外国にルーツを持つ障害のある子どもに必要と思われる支援を以下に挙げる。

1．個々のニーズを把握するためのアセスメントの実施

外国にルーツを持つ障害のある子どもが「学習面」や「行動面」の困難さを示した場合に，適切な支援を行うためにも，アセスメントを行って個々のニーズおよび困難さの原因を把握しなければならない。しかし，外国にルーツを持つ子どもの多くは日本語力が低いために，日本語で実施する知能検査や発達検査では正確に子どものニーズや特性を把握できない可能性がある。その場合，子どもの母語で発達検査や言語検査を実施する，あるいは，日本語の検査を母語に通訳しながら検査することが必要である。また，保護者と面談を行い，移住する前の日常･学校生活の様子や，現在の家庭での様子を聴取することも必要である。さらに行動観察により，子どもの授業や学校生活場面の様子を把握することも必要である。

2．個々のニーズや障害特性に合わせた日本語指導

日本語での会話･読み書きが十分にできないと，他の子どもとの関わりや集団活動への自発的な参加などが難しい。そのため，日本語の学習指導･支援が必要である。しかし，語彙や読み書きの習得に必要な認知能力自体に弱さがある場合に，外国にルーツのある他の子どもと同じ日本語指導･支援を行ったのでは，日本語がなかなか上達しない可能性がある。学習障害（LD）のある日本人の子どもに行われている語彙や読み書き指導･支援を参考にし

て，その子どもの特性に合わせた日本語指導・支援を検討しなければならない。また，自閉スペクトラム症（ASD）のある子どもには，日本語を指導する際，例えば，絵や母語の文字などを視覚呈示することは有効である。注意欠陥多動性障害（ADHD）ある子どもには，指導の途中で休憩時間を入れる，難しい課題とやさしい課題を混ぜる，注意してほしい部分に色をつけて目立たせるなど，その子どもの注意・集中力に配慮した対応をするとよいだろう。

３．視覚的な支援ツールの活用

外国にルーツを持つ障害のある子どもの場合，日本語の理解力が向上しても，学校生活を送る中で規則やルールを自然に習得できず，学校生活に十分に適応できないことがある。このような場合には，写真カードを用いた支援や母語での説明などをすることが有効かもしれない。例えば，学校の1日の流れやルールの理解を促すために，学校規則に基づく正しい行動と正しくない行動を写真カードにし，さらに母語での説明もする。また，校内（園内）や学級内の掲示物，活動や授業中の教師の指示などを，子どもの母語で呈示する，写真や絵などで視覚呈示するなどの支援が有効かもしれない。

４．外国にルーツを持つ障害のある子どもへの支援体制の構築

外国にルーツを持つ障害のある子どもに対してより効果的な支援を実施するためには，保護者への支援体制，校内の支援体制，教員の指導力向上のための研修体制，専門機関との連携，専門家のコンサルテーション体制など様々な支援体制の構築が必要である。保護者への支援体制として，保護者と定期的な面談の実施，保護者の母語で就学ガイダンス資料の作成，定期的な親子活動，子どもの特別なニーズの理解を促す研修会，就学状況の把握と積極的な就学支援を行う就学促進員の配置や活用などがある。校内の支援体制として，校内委員会で支援に取り組む，個別指導計画の作成，特別な教育課程の編成・実施，日本語学習カリキュラムの作成，教員の指導力向上のための校内研修実施などがある。必要に応じて，学校所在地域の外国人団体，住民，大学等の教育機関，企業などと連携していくとよい。（裴虹）

Q 81　障害のある子どもに対するキャリア教育・支援ってなに？

1. キャリア教育とキャリア発達

キャリア教育は，「一人一人の社会的･職業的自立に向け，必要な基盤となる能力や態度を育てることを通して，キャリア発達を促す教育」と定義されている（中央教育審議会，2011）。ここでいう「キャリア」とは，人間が生涯を通じて，様々な役割を果たしていく過程で，自分が担っている役割の価値や自分と役割の関係性を見つめていくことである。人は成長し，大人になっていく過程ではその役割を重複している。例えば，子どもは学習者という役割から，成長に伴って成人し働き始めると労働者となり，部下や上司という役割，結婚すると夫や妻，父や母，という様々な役割を生涯の中で重ねながら生きている。キャリア発達とは，その役割を担っていくうえで，「自分らしさ」「自分自身が認められる自分の姿」を探求していく過程ともいえる。

キャリア教育と類似した用語に「職業教育」がある。職業教育は，「一定又は特定の職業に従事するために必要な知識，技術，能力や態度」を育成することを対象としているのに対して，キャリア教育は，前述したように社会的･職業的自立に必要な基盤となる能力や態度の育成を対象としており，そのねらいが異なる。キャリア教育とは，まさに生涯に渡って「自分らしさ」を探求し，様々な選択を繰り返していく土台を形成する教育的取り組みである。

2. 発達段階に応じたキャリア教育・支援

キャリア発達の観点から捉える進路選択とは，児童生徒自身が「在りたい姿」を実現するために「必要な場所」を見つけ選択していくことである。

特別支援学校小学部及び中学部の学習指導要領では，キャリア教育は「児童又は生徒の調和的な発達の支援」として示され，「児童又は生徒が，学ぶことと自己の将来とのつながりを見通しながら，社会的･職業的自立に向けて必要な基盤となる資質･能力を身に付けていくことができるよう，特別活動を要としつつ各教科等の特質に応じて，キャリア教育の充実を図ること」と位置づけられている。キャリア発達については，幼児教育からの積み上げの必要性が提言されており，幼少期から小･中･高等学校に至るまで系統的かつ発展的に教育的取り組みを行うことが求められている。幼児教育から小学校への接続，小学校から中学校，高等学校への接続などそれぞれの児童生徒の発達段階に応じて円滑にその取り組みを展開させていく方策が重要になる。

3．卒業後の社会変化を見越した視点

近年，社会の変化として，Society5.0やIoT（Internet of Things）時代の到来とともに，経済環境ではVUCA時代と呼ばれ将来予測の困難性の高い時代になっていることが指摘されている。またAI導入の活性化により働き方や労働観などの労働環境の大きな変化も予測されている。こうした変化の早い時代の中で，「自分らしさ」を探求していくためには，主体的に学ぶ意欲や発展する意欲，学び続ける習慣の形成が鍵になる。

障害のある児童生徒はその障害特性の影響から，努力をしてもうまくいかないと感じる経験が積み上がりやすい。この点からも，障害のある児童生徒のキャリア教育においては，特に「達成感･満足感のある活動を追求する経験」「挑戦する･発表する場の設定と挑戦し続ける経験」「人の役に立ち，感謝される経験」といった要素を含む教育活動が有用である。

教育現場では，こうした児童生徒が学校卒業後にどのような社会の中で生きていくのか，その変化を見据えながら，学校生活全般の中で「達成感や満足感」「他者との間で相互に感謝し，感謝される経験」を創出していくことが重要である。児童生徒はこれらの経験の積み上げの結果，社会の中での「自分の役割」に気づき，「自分らしさ」を感じることができるようになる。障害のある児童生徒にとっては，自身の障害特性や必要な工夫や支援を含めて，「自分らしさ」を調和的に発揮できるように，一人ひとりに応じたキャリア発達を促す視点が重要になる。

（山口明日香）

Q 82　障害のある子どもに対するキャリア教育・支援としてどのようなことをすればよいの？

1. キャリア教育の４つの能力

キャリア教育は，「社会の中で自分の役割を果たしながら，自分らしい生き方を実現していく過程」の基礎を構築するための教育であり，社会との関わりのなかで「自分らしさ」を探求する過程を支える教育的な活動や心理的なサポートである。キャリア教育では，キャリア発達を促していくための基礎的･汎用的な４つの能力である「人間関係形成･社会形成」，「自己理解･自己管理能力」，「課題対応能力」，「キャリアプランニング能力」を重視している。これら４つの能力を，学校や地域の特色，児童生徒の発達段階に即して，小･中･高等学校の系統性を考慮した上で，特別活動を中核にしつつ学級活動やホームルーム活動などを含む教育活動全体を通じて育むことが求められている。４つの能力は相互に関連･依存した関係にあり，すべての児童生徒に同じ程度に，均一に身に付けることを求めるものではない。この４つの能力は「自分らしさ」を探求するための要素である。「自分らしさ」とは，ある日突然明確に認識できるものではない。様々な日々の出来事を自分で選択･決定し，その結果生じた事項やそこから感じた感情や感覚を通じて，私たちは自己理解を深めている。この体験的な積み上げが，「自分が自分らしいと思える姿」を明確にし，「自分らしさ」として，他者や社会へ関わりをもてるようになる。そのためキャリア教育では，体験的活動を重視している。

2. 自己理解を深めるサポートと「自分らしさ」

キャリア発達では，この「自己決定」，「自己選択」，「自己理解」をキーワードに，子ども自身が，主体的に様々な活動に対してチャレンジし，その結果から肯定的な側面に着目し，たとえ失敗したと感じる結果であっても，その中から学びとして得たことは何か，それは自分の中でどのように整理できるのかについて教員や他者とのやり取りを通じて自己理解を深めるサポートが必要である。

キャリア教育･キャリア支援の重要性は障害の有無に関係ない。しかし，障害のある児童生徒にとっては，自らの障害特性の理解と障害に対する社会や周囲の向き合い方を知ることは，自己理解や他者との関係づくりに影響する点であり，障害のない児童生徒とは異なる要素が含まれる。

価値観の多様化が進む現代社会において，年齢，性別，国籍，障害，思想等の様々な点で多様性に富む社会を形成する一員として，自分と異なるものを享受し，尊重する意識や態度を育む必要がある。そのためには，立場の違いや価値観の違いによる物事の見え方の変化について，発達段階に応じた体験を通じて，「違い」を享受し，「互いに尊重される」経験を積み上げていくことが重要になる。

キャリア教育･支援で教員に求められることは，児童生徒自身が「自分で自らの人生を積み上げていくことができる」と自分の力を信じることができるよう導くことである。また，児童生徒が大きな課題や苦しい局面や失敗したと感じる体験を経た場合にも，弾力的に「立ち直る」力を発揮できるように，児童生徒自身が変化に柔軟に対応できる力を高めていく視点をもって教育実践を行うことである。

「自分らしさ」を探求し発揮するのは，マズローの欲求5段階説の自己実現の欲求に該当し，この欲求段階に至るためにも，社会的な承認欲求（尊重欲求）や集団の中に所属しているという社会的欲求を満たしていく必要がある。この体験と実践の積み上げは，その児童生徒にとっては薄皮を重ねるような変化であり，短期的な評価では児童生徒の変化を明確にできず，その教育実践の評価に迷いが生じやすいこともある。この点を理解して，教員が実践を積み重ねることで，児童生徒の変化は色濃く感じ取れるようになっていく。

キャリア教育･支援では，教員自身が「自分らしさ」を探求する意義を深く理解し，児童生徒の未来において活躍する姿を，柔軟にかつ多様に描ける教員の前向きな姿勢が求められる。

（山口明日香）

Q83　通常の学級に在籍している特別な教育的ニーズのある幼児児童生徒に対してはどのような支援が必要なの？

1．多層的な支援システム

通常の学級における支援を考える際に重要なことは，特別な教育的ニーズのある幼児児童生徒への「個別的な支援」を考える前に，すべての幼児児童生徒を対象とした「全体への支援」を充実させることであり，「全体への支援」→「個別的な支援」というように多層的に支援を考えることである。

例えば，学習面の多層的な支援システムにRTI（Response to Intervention）がある。RTIでは，第一段階として，通常の授業ですべての幼児児童生徒に質の高い，科学的根拠に基づいた指導を実施する。第二段階では，第一段階で十分な伸びがみられない幼児児童生徒に対して追加的な指導を行う。第三段階では，それでも伸びが乏しい子どもに対し，より集中的な指導を行う（海津・田沼・平木，2009）。こうした多層的な支援を，幼児児童生徒の"伸び"の評価を定期的に行いながらデータに基づき実施していく。

また，行動面における多層的な支援システムとしてSWPBS（School-Wide Positive Behavior Support）がある。SWPBSは，幼児児童生徒の望ましい行動を罰的でないポジティブな方法で支援していく枠組みであるPBS（Positive Behavior Support：ポジティブ行動支援）を学校規模で適用するものである。SWPBSでは，第一層支援として，全ての幼児児童生徒を対象として，全ての学校場面を通じて，全校の教職員が望ましい行動目標を提示し，それを教授し，強化する支援を行う。第二層支援では，第一層に反応しない幼児児童生徒のグループに対して，課題従事や社会的スキルの支援を行う。第三層支援では，深刻な行動を示している幼児児童生徒に対して個別的支援を行う（平澤，2019）。こうした多層的な支援を実現するために，幼児児童生徒に対する科学的根拠に基づいた指導はもちろん，継続的なデータの収集により支援方法の改善や第二，三層支援への移行等の意思決定をすること，教職員がポジティブな方法で支援しやすい環境を整えること等も重視される。

以上のように，科学的根拠に基づいた指導をすべての幼児児童生徒を対象に行うことにより，学習面や行動面の困難を未然に防止するとともに，個別的な支援を必要とする幼児児童生徒をスクリーニングすることができる。近年では，共通点の多いRTIとSWPBSを融合したMTSS（Multi-Tiered System of Supports）が米国で提唱され（McIntosh & Goodman, 2016），多層的な支援システムは今後我が国の特別支援教育においても重要な要素となるであろう。

2．困難さに応じた支援

特別な教育的ニーズのある幼児児童生徒への支援においては，「障害に応じた」ではなく「困難さに応じた」支援が重要となる。幼児児童生徒のニーズは多様であり，たとえ同じ診断名であったとしてもその状態像は異なる。したがって，「注意欠陥多動性障害（ADHD）には視覚支援」，「自閉スペクトラム症（ASD）にはソーシャルスキルトレーニング」といった考え方ではなく，対象となる幼児児童生徒の困難を丁寧にアセスメントし，その困難さに応じた支援が必要となる。小･中学校や高等学校の新学習指導要領（平成29･30年告示）には「障害のある児童･生徒などについては，学習活動を行う場合に生じる困難さに応じた指導内容や指導方法の工夫を計画的，組織的に行うこと」と示されており，同解説には困難さの状態と，それに対する指導内容･方法の工夫の意図と手立てが詳細に記載されている。

参考文献

海津亜希子･田沼実畝･平木こゆみ（2009）「特殊音節の読みに顕著なつまずきのある1年生への集中的指導――通常の学級での多層指導モデル（MIM）を通じて」『特殊教育学研究』47（1), pp.1-12.

平澤紀子（2019）「支援者の実行を支えるサポート――スクールワイドPBSから」『行動分析学研究』33（2), pp.118-127.

McIntosh, K.& Goodman, S.（2016）*Integrated Multi-Tiered Systems of Support: Blending RTI and PBIS.*　The Guilford Press, New York.　（宮木秀雄）

Q 84　通常の学級に在籍している特別な教育的ニーズのある幼児児童生徒を支援するために，どのような連携が必要なの？

1．チームで取り組む特別支援教育

特別支援教育は，決して学級担任1人で取り組むものではなく，様々な専門性を有した教員や関係者がチームを組んで行っていくことが重要である。右図は，通常の学級に在籍している特別な教育的ニーズのある幼児児童生徒を支援するために必要な連携の概略を示したものである。

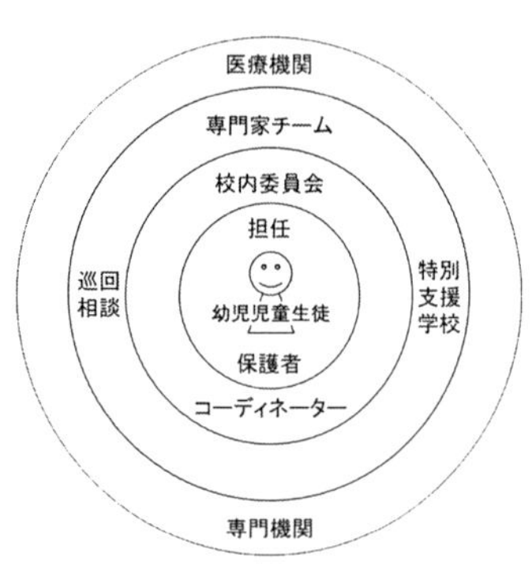

図7-84-1　特別な教育的ニーズのある幼児児童生徒を支援するために必要な連携

（1）保護者との連携

特別な教育的ニーズのある幼児児童生徒への支援を考える際，保護者との情報共有は必要不可欠である。そのためには保護者との信頼関係の構築が重要であり，保護者の声に真摯に耳を傾ける（傾聴）とともに，学校での取り組みについて，その成果と合わせて丁寧に説明することが大切である。また，保護者との情報交換や話し合いで確認された支援内容等に関しては，保護者の同意を得つつ，個別の教育支援計画等に整理して記載していくことが重要である（文部科学省，2017）。

（2）校内における連携

校内における連携として，校内委員会やコーディネーターとの連携が挙げられる。コーディネーターは，校内の特別支援教育の中心的な役割を担い，学級担任の相談に応じたり，助言を行ったりする。コーディネーターは学級担任から幼児児童生徒に関する情報を収集し，校内委員会に繋ぐ。校内委員会では，学級担任やコーディネーターをはじめとした校内の関係者が集まり，支援内容等について検討する。このように特別な教育的ニーズのある幼

児児童生徒への支援について，複数の関係者が協議しながら決定していくとともに，学校全体でも共有していくことが重要である。

（3）校外における連携

校外における連携として，まず巡回相談員や専門家チーム，近隣の特別支援学校との連携が挙げられる。校内での連携に加えて，各自治体の教育委員会に設置される巡回相談員や専門家チームに，より専門的な助言を求めることができる。また，近隣の特別支援学校のセンター的機能を活用し，支援内容等について相談することができる。さらに，対象となる幼児児童生徒が医療機関や大学等の専門機関を利用している場合，そうした関係機関とも連携し，幼児児童生徒の支援内容等について情報を得たり，助言を受けたりすることも必要である。

文部科学省（2018）の調査によると，公立の通常の学校においては，校内委員会の設置率やコーディネーターの指名率はほぼ100％であり，巡回相談や専門家チームの利用率も約6～8割となっている。このように，特別な教育的ニーズのある幼児児童生徒を中心とした連携体制はほぼ整い，現在はその連携をいかに機能させるかが課題となっている。

2.「横の連携」と「縦の連携」

上記のような校内外の関係者がチームを組む「横の連携」に加えて，幼稚園・保育所，小学校，中学校，高等学校といった幼児児童生徒のライフステージを貫く「縦の連携」も重要である。例えば，幼保小連携においては，幼児の発達の様子や必要な支援内容等について小学校に引き継ぐための「就学支援シート」といったツールも使用されている。特別な教育的ニーズのある幼児児童生徒が一貫した支援を受けられるように，縦の連携を促進するツールや制度の整備が必要不可欠である。

参考文献

文部科学省（2017）「発達障害を含む障害のある幼児児童生徒に対する教育支援体制整備ガイドライン」.

文部科学省（2018）「平成29年度特別支援教育に関する調査の結果について」.

（宮木秀雄）

Q 85　効果的な交流及び共同学習のためにはどのようなことをすればいいの？

1．交流及び共同学習の定義とこれまでの課題

交流及び共同学習とは，相互の触れ合いを通じて豊かな人間性を育むことを目的とする交流の側面と，各教科や領域のねらいの達成を目的とする共同学習の側面があるもので，この2つの側面を分かちがたいものとして捉え推進していくものとして規定されている。2004年改正の「障害者基本法」に位置づけられたのが始まりで，以後の幼･小･中･高等学校及び特別支援学校の教育要領･学習指導要領でその推進が位置づけられた。

その前身である「交流教育」は，分離教育を補完するものとして，文部省（当時）により長く推進されてきた。ところが従来の交流教育では，日常的交流のない学校同士が単発で行事交流をする例が少なくなかった。学年や発達段階，障害の種類や程度に関係なく同じようなゲーム交流が行われたり，教育活動であるのに教育課程上の位置づけや指導目標が明確でなかったり，学習評価もされていないことも多かった。さらに，計画的な実施体制が不十分であるなど，様々な課題が指摘されてきた。

2．効果的な交流及び共同学習のためにできること

文部科学省「交流及び共同学習ガイド」（2019年改訂版）によれば，実施において，①関係者の共通理解，②体制の構築，③指導計画の作成，④活動の実施，⑤評価が重要とされる。これに加え，群馬大学教育学部附属特別支援学校等での実践を踏まえ，教科･領域の特性，障害の種別や程度，学年や発達段階，学習集団の特徴を踏まえた授業計画が効果的といえる。

まず，双方の教職員が活動のねらいや意義を共有する場が必要である。交流及び共同学習の理念や障害別の基礎知識のほか，社会モデルや合理的配慮等の新しい障害観に関し研修機会を設けることも有効である。また，授業計画に

際しては，どのようにすれば交流が生まれ，その交流を前提にどう教科･領域の学びが成立するかについて，特別支援学校･学級側は障害のある子どもの支援の専門性を，通常の学校側は教科等の専門性を相互に生かし合い，事前学習の内容，主たる活動，事後のふり返りや評価の内容や方法を検討する。このためには年次計画への計画的な位置づけや学校全体の協力体制が不可欠である。

学習内容の検討については，知的障害のない場合は，教育方法や教材の修正（アコモデーション）で対応する。知的障害のある場合，国語や算数等の教科での実施は難しいと思われがちである。確かに教育目標や内容の修正（モディフィケーション）が必要であるが，教科や学年や学習集団の特性を踏まえた工夫で実施可能である。例えば，国語は系統性が明確で学年が上がると知的障害のある子どもとない子どもの実態差が顕在化し，活動が設定しにくいと思われがちである。しかし，共有可能なねらいを示した「共通の学習目標」と共に，個に応じた教科のねらいを示した「個別の学習目標」を全児童生徒が「がんばりカード」としてお互いに見える場所に掲げたり，１対大勢でなく，５人グループに障害のある子ども１人といった学習集団を設定し何回か交流を重ねたりすれば，相手の性格やできることを知った上での関わりが生じやすく，障害のある子どもを不必要にお手伝いする関係を避けられ，共通のねらいの存在で両者の分断も避けられる。また，小学校低学年は障害への抵抗感や実態差が小さく取り組みやすい一方，他者意識が希薄な発達段階である。中学年以降だと他者を意識しつつ自身の学習に従事できる力もついてくる。高学年や中学校になると実態差が顕著になる一方，例えば図工で知的障害のある子どもの自由な技法や表現を見取る力も高まり，自身の創作が刺激され，障害のない子どもの教科の目標達成が交流したからこそ促進されることもある。

2017年改訂の学習指導要領では，交流及び共同学習のねらいとして，特別支援学校，小学校等共に「共に尊重し合いながら協働して生活していく態度を育む」ことが加わった。このように，今日の交流及び共同学習は，障害のある子どもへの一方的な支援の提供や表面的な障害理解に留まるものではない。豊かな他者理解と交流を基盤に，子どもたちにとっての学校生活の要である「学習」を共有し対等に学び合い支え合うことにより，異なる他者と関わりながら生きていく社会を構築するための活動である。　（木村素子）

Q 86　特別支援教育におけるICTの活用って？

1．社会の動向の中での特別支援教育でのICT活用

ICTとは，Information and Communication Technologyの略称で，情報通信技術のことを指す。特別支援学校学習指導要領（小・中学部）（文部科学省，2018）には，「言語能力」，「情報活用能力（情報モラルを含む。）」，「問題発見・解決能力」を学習の基盤となる資質・能力としており，情報活用能力等の育成を学校教育全体を通して図ることとしている。この情報活用能力には，ICT等を活用した学習活動等の充実を図ることや情報手段の基本的な操作の習得およびプログラミング教育などが含まれる。

国は「初等中等教育において，Society 5.0という新たな時代を担う人材の教育や，特別な支援を必要とするなどの多様な子供たちを誰一人取り残すことのない一人一人に応じた個別最適化学習にふさわしい環境を速やかに整備するため，……全学年の児童生徒一人一人がそれぞれ端末を持ち，十分に活用できる環境の実現を目指すこと」（内閣府，2019）としている。この「個別最適化学習」とは，例えば学校という社会において，障害があるために参加に制限が生じた場合，その社会に参加できるように当事者である児童生徒や保護者とその活動の担い手である学校との間で建設的対話をし，合意形成して決められた最適な学習のことである。また，この「個別最適化学習」を保障するための個別的な社会の側の変更や調整を「合理的配慮」という。よって，学校全体ではICT機器の持ち込み禁止といったルールがあっても，「個別最適化学習」を目指し，合理的配慮としてICTを利用する場合は，そのルールに変更や調整を加え，児童生徒の学ぶ権利を保障することが大切である。なお，この合理的配慮の提供は，「障害を理由とする差別の解消の推進に関する法律」（2016年4月施行）において，公立学校では法的義務となっている。

2．合理的配慮としてのICT活用

特定の困難を軽減･解消するために利用される技術や機器，およびその導入のためのサービスを合わせてAssistive Technology（支援技術：AT）という。ここでは，「読み書き」の困難をATの切り口で解説する。

授業への参加や宿題の提出，受験の際，紙に文字を書くことや，印刷された文字を読むことを当然と考えていないだろうか。たとえこれらに困難があっても，読み上げてもらえれば文章の内容を理解し，キーボードを使えば優れた文章を書くことができる場合，合理的配慮として何を考慮すべきだろうか。ここで問題なのが，紙に鉛筆で書く，印刷された文字を読む以外の選択肢がないことである。読者の皆さんが勤務する学校や職場で「明日から筆と硯しか使用を認めない」となったらどうだろう。授業や宿題，テスト，業務の遂行がこれまで通り捗るだろうか。このように道具を限定するルールの存在が，読み書き障害を作り出している可能性もある。しかし，個別的な事情が考慮され，社会の側の障壁が取り払われることにより，当事者の学ぶ権利が保障されることになる。今の日本の学校では，このように特定のツールやルールに依拠したスキルが生み出す障壁，つまり「スキルバリア」というべき状況が存在し，障害のある人の社会参加を阻害している場合がある。

このように，特別支援教育でのICT活用は，教育一般での視点と，合理的配慮としての視点の両側面がある。後者の場合，さらにマストアイテムとしてのICTの役割が増すため，学校やそれ以外の場所で一貫して利用できる環境を整える必要がある。つまり，BYOD（Bring Your Own Device，私用端末の業務利用）などの学習の一貫性を担保する仕組みの導入が求められる。

参考文献

文部科学省（2018）『特別支援学校幼稚部教育要領小学部･中学部学習指導要領　平成29年4月告示』海文堂出版.

内閣府（2019）「安心と成長の未来を拓く総合経済対策について」, https://www5.cao.go.jp/keizai1/keizaitaisaku/2019/20191205_taisaku.pdf（2020年2月22日閲覧）

（氏間和仁）

Q 87　特別な教育的ニーズ（SEN）のある生徒の高等教育への進学と大学における障害学生支援はどのようになっているの？

1．SENのある生徒の高等教育への進学に向けた準備

高等学校や特別支援学校高等部（以下，高等学校等）において，SENのある生徒の卒業後の進路は，多くの教員が悩む大きな課題の1つである。近年は大学等の高等教育機関（以下，大学等）に進学する生徒も少なくない。ここでは，大学等への進学に向けた指導のポイントを紹介する。

特別支援学校高等部では，視覚障害や聴覚障害を中心に3割以上の生徒が大学等に進学している（文部科学省「学校基本統計」より）。また，2018（平成30）年4月からは，高等学校においても通級による指導が可能となり，個々の生徒の障害の状態等に合わせた教育体制が整えられつつある。特に高等学校に在籍する生徒においては，知的発達の遅れのない生徒も少なくないため，大学等への進学も視野に入れた進路支援が求められる。

高等学校等の生徒が進路希望先を選択するためには，大学等に関する情報収集が必要である。学部学科の内容と生徒自身の興味･関心とのマッチングを把握することが重要である。大学では最低4年間過ごすため，生徒自身が関心を持てない学部学科での修学継続は困難な場合が多い。また，オープンキャンパス等に参加して，実際に生徒自身が体験することは大きな機会となる。大学等では障害のある受験希望者向けの説明会を行っている場合もある。SENのある生徒においては，自身の障害により進学を諦めてしまう場合もあるため，実際に大学等の支援体制や状況を見聞きして，進学の可能性を生徒自身が実感できることが望ましい。

障害のある生徒が大学等を受験する際には，入試の合理的配慮を受けることができる。合理的配慮の内容は障害種別や試験内容，大学等の方針により異なるが，「大学入学共通テスト（旧 大学入試センター試験）」が参考にな

表7-87-1　大学入学共通テストで受けられる合理的配慮の例

対象者	主な配慮事項
視覚	• 点字回答，文字回答，試験時間の延長（1.3～1.5倍に延長） • 別室受験，拡大文字問題冊子の配布，拡大鏡等の持参使用など
聴覚	• 手話通訳士等の配置及び注意事項等の文書伝達 • リスニングの免除，座席の前方指定，補聴器／人工内耳の装用など
肢体不自由	• チェック回答，代筆回答，試験時間の延長（1.3～1.5倍に延長） • 別室受験，介助者の配置，試験室の調整，乗用車での入構許可など
病弱	• 試験室の調整（1階，トイレに近い，など） • 座席を出入口付近に指定，など
発達障害	• チェック回答，試験時間の延長（1.3倍） • 別室受験，拡大文字問題冊子の配布，注意事項等の文書伝達など

る。表7-87-1に，大学入学共通テストにおいて受けられる配慮事項の例を示す。なお，この他にも，必要な配慮があれば申請できる。入試の合理的配慮を申請する際には，診断書と学校からの状況提供書が必要となる。学校からの状況報告書は入試における合理的配慮の妥当性判断の大きな材料となるため，特に高校３年生の段階では，本人･保護者も含めて入念に相談しておくことが重要である。各大学等で個別に行われる入試においても，別途，入試の合理的配慮の申請が必要となる。

２．大学における障害学生支援

2016（平成28）年4月より，障害者差別解消法が施行され，各大学等によって障害学生支援室等の専門部署の整備が進められている。これらの専門部署では在学中の合理的配慮を申請できるほか，障害学生向けの教育･支援サービスを提供している場合もあるため，事前の情報収集が望ましい。高等学校等の特別支援教育と障害学生支援の大きな違いは，「本人中心」である。高等学校等では保護者や教員が中心となって必要な支援を組み立てる場合も多いが，大学等では障害学生本人の意思表明に基づいて，修学上の合理的配慮の調整が進められる。そのため，本人が自身の障害や必要な支援･配慮を適切に理解して，自ら大学等や社会に求めていく力を身に付ける必要がある。その支えのためにも，高等学校等における個別の教育支援計画などの支援情報を進学時に引き継ぐことが期待される。　（佐々木銀河）

Q 88　今後の特別支援教育の方向性って？

1．インクルーシブ教育システム下の特別支援教育をさらに推進するために

今後，さらに特別支援教育を推進するには，多様な学びの「場」に加え，それぞれの場において子どもの多様な教育的ニーズに応じた「カリキュラム」をどのように編成するかが鍵になる。特に，カリキュラム・マネジメントの重要性がさらに増す中，特別支援教育では，知的障害教育を中心に，これまでも特殊教育・特別支援教育の歴史の中で，カリキュラム・マネジメントが行われてきている。こうしたノウハウを，通常の学級にも生かしていくことが必要である。また，教員は，多様な学習スタイルの子どもが，常に学級の中にいると考えることも必要である。そのため，個に応じた適切な支援方法を考えることは，必要な時間の投資であり，特異な状況を切り抜けるための単なる一時しのぎではない。また，チーム学校として，支援の成功例，失敗例を学校内で他の教職員と共有しながら，より良い支援の在り方を継続的に検討していくことが重要である。

学校がチームとして対応するには，特別支援教育コーディネーターの役割が大きいことは言うまでもないが，実はそれ以上に管理職の役割が大きい。管理職が特別支援教育の重要性を理解し，インクルージョンやダイバーシティー，ユニバーサルデザインの考え方を導入している学校は，学級担任が発達障害のある子どもの困難さに気づいた後，管理職や特別支援教育コーディネーター，学級担任等が連携して子どもの実態把握に努め，その支援について学校全体で共通理解している。教員が指導上の悩みや思いを気軽に話すことができる学校づくりができているかどうかが特別支援教育の推進の鍵である。発達障害に関する特性や困難の理解と指導支援方法等について，教職員の痒い所に手が届くような研修や，校内で孤独になりがちな特別支援教育コーディネーターの質の向上に向けた取り組みについても，管理職は組織

的·中長期的に計画する必要がある。

２．特別支援教育を支える人材育成

特別支援教育の推進には，人材の育成が欠かせない。教員養成段階においては，多様な学びのある子どもが在籍している状況を学生に理解させ，そうした子どもに対する指導支援を行う機会を実習や学校体験をもとに設けることが必要である。また，実践と理論の融合を図るため，講義で理論や知識を深化させていく必要がある。また，例えば発達障害の教育課程，指導法，生理·心理·病理に関する授業の必修化や，教科教育，教育学，心理学の授業における多様な学びの保障の在り方についての紹介など，学校が抱える今日的課題について，それぞれの専門的知見に基づいた講義を展開するカリキュラムを考える必要がある。

次に，現職教員研修に関しては，多様な教育的ニーズのある子どもを適切に支援する個別の指導計画や個別教育支援計画を立案する力や，学級環境の改善や情報保障の在り方（ICTの活用も含む）などの合理的配慮·基礎的環境整備を実施する力を高めていくことが必要である。特別支援教育の推進のために，特別支援学校教諭免許状の取得を推進させる動きがあるが，特別支援学校で求められる専門性が，果たして特別支援学校以外で特別支援教育を受けている幼児児童生徒の指導支援に求められる専門性との間でずれが生じていないかについての検証が必要である。もしずれがあるならば，どのようにそれを解消するのかについて早急に検討していく必要があるだろう。長期的な視野では学校種にとらわれない新たな免許状の創設も考えられるが，今まさに困っている子どもを支援するには，大学と教育委員会が連携し，学びが積みあがるような研修体制を組み，ある程度の専門知識·技能を身につけた教員が適材適所で活躍できるシステムの構築が必要であり，教育効果も高まりやすいと考える。

３．Society 5.0 時代における特別支援教育

ロボティクスや人工知能，ビッグデータ等の先端技術を活用することに

よって，新たな価値を創出し，多様なニーズ，潜在的なニーズにきめ細かに対応したモノやサービスを格差なく提供することのできる新たな時代（Society 5.0）が迫っており，公教育では，読解力など基盤的な学力を確実に習得させつつ，個人の進度や能力，関心に応じた学びの場に，同一学年集団の学習に加え，学習到達度や学習課題等に応じた異年齢･異学年集団での協働学習の拡大を図る（文部科学省，2018）ことが求められるようになる。このような新たな時代の幕開けが迫る中，特別支援教育をどのように推進していくべきかについて，我々は今の段階から考えなければならない。

例えばキャリア教育について，職種によってはロボティクスや人工知能が人間の代わりに活躍することが容易に想像できるが，残念ながらこうした職種と現在多くの特別支援学校が推進しているキャリア教育の職種とが一致することが多い。この現実をどう捉えるべきかについて，我々は真剣に考えなければならない。そのためには，Society 1.0 ～ 4.0の職種で持続可能なものを探すのみならず，Society 5.0の職種で特別なニーズのある子どもたちが彼らの個性や潜在能力を生かし，活躍できるものを計画的に探索する必要がある。また，ロボティクスや人工知能などの技術を学校教育段階で活用するには，すべてを教員任せにするのではなく，専門的知識を持つ技術者が子どもを指導するシステムの構築が必要である。

4．おわりに

インクルーシブ教育とは，多様性を認められる人･社会を目指すことがその根底になければならない。つまり，障害のある子どもだけが対象ではなく，あらゆるマイノリティにある人たちが「当事者」であるべきであり，マイノリティ，マジョリティにかかわらず，相互の違いを認め合える世の中をどう作っていくかが問われる教育である（川合，2016）。

「当事者」が包含されるには，周囲への教育も必須であり，マイノリティ側がマジョリティ側を理解する教育も必須となる。また，特別支援教育だけではカバーできない領域であるため，教科教育，教育学，心理学はもちろんのこと，シチズンシップ教育，品格教育，ギフテッド教育などとの連携が必要である。さらに，インクルーシブ教育を，ソーシャルインクルージョンの一部と考えるなら，社会学，経済学，法学等との連携が必要である。今後，こうした連携を基に，日本型インクルージョン・インクルーシブ教育とはこういうものである，といった明確な哲学的立場を示す必要があるだろう。

インクルーシブ教育システムの目指す方向性は，子ども，保護者，教師，地域住民が，「ここにいていい」，「ここにいることの喜び」，「完全でなくてもいい」を感じることができるだろう。

日本の公教育では，今後「多様性」にどのように対応していくのであろうか。例えば通常の学級で学ぶ学習困難や行動上の困難を伴う子どもへの支援については，多様な学びを教科教育の中でどう実現させるか，複雑な家庭環境における保護者との連携をどうしていくか，など，いわゆる特別支援教育の専門性だけでは対応できない状況が増えており，既に特別支援教育の発展型としてのインクルーシブ教育システムが構築段階で限界に到達している（川合，2017)。「次世代を見越した教育的ニーズ」とは何か，「多様な学びを保障する教員の専門性」とは何か，についてもう一度問い直し，本来的な多様な学びを実現させるインクルーシブ教育システムの再構築を早期に実現させなければならない。

参考文献

川合紀宗（2016)「インクルーシブ時代における特別支援教育」川合紀宗・若松昭彦・牟田口辰己編著『特別支援教育総論—インクルーシブ時代の理論と実践』北大路書房.

川合紀宗（2017)「インクルージョン・インクルーシブ教育に対する提言」落合俊郎・川合紀宗編著『地域共生社会の実現とインクルーシブ教育システムの構築——これからの特別支援教育の役割』あいり出版.

文部科学省（2018)「Society 5.0に向けた人材育成～社会が変わる，学びが変わる」, https://www.mext.go.jp/component/a_menu/other/detail/__icsFiles/afieldfile/2018/06/06/1405844_002.pdf

（川合紀宗）

新・教職課程演習　第6巻
特別支援教育

編著者・執筆者一覧

[編著者]

米田宏樹　筑波大学人間系准教授，博士（障害科学）

著書：（共編著）『特別支援教育“MINERVA はじめて学ぶ教職”』（ミネルヴァ書房，2018 年），（共著）『特別支援教育基礎論』（放送大学教育振興会，2020 年）。

川合紀宗　広島大学大学院教授，言語病理学博士（Ph.D.）

著書：（共編著）『地域共生社会の実現とインクルーシブ教育システムの構築（あいり出版，2017 年），（共編著）『特別支援教育総論』（北大路書房，2016 年）

[執筆者]（50 音順）

青柳まゆみ（愛知教育大学准教授）
朝岡寛史　（高知大学講師）
五十嵐一徳（高崎健康福祉大学講師）
池田吏志　（広島大学大学院准教授）
石川慶和　（静岡大学准教授）
石塚祐香　（筑波大学人間系特任助教）
一木　薫　（福岡教育大学教授）
任　龍在　（千葉大学准教授）
氏間和仁　（広島大学大学院准教授）
内海友加利（兵庫教育大学助教）
大鹿　綾　（東京学芸大学講師）
岡崎慎治　（筑波大学人間系准教授）
岡部帆南　（筑波大学大学院生）
鏡原崇史　（松山東雲女子大学講師）
門脇弘樹　（山口学芸大学講師）
木村素子　（群馬大学准教授）
キャロル・犬飼・ディクソン
（広島叡智学園中学校・高等学校シニア・ディレクター）
下司優里　（流通経済大学准教授）
小島道生　（筑波大学人間系准教授）
小林宏明　（金沢大学教授）
酒井奈緒美（国立障害者リハビリテーションセンター研究所研究室長）
佐々木銀河（筑波大学人間系准教授）

左藤敦子　（筑波大学人間系准教授）
三時眞貴子（広島大学大学院准教授）
三盃亜美　（筑波大学人間系助教）
鈴木　徹　（秋田大学准教授）
高野聡子　（東洋大学教授）
高橋甲介　（長崎大学准教授）
竹田一則　（筑波大学人間系教授）
タスタンベコワ・クアニシ　（筑波大学人間系准教授）
立田瑞穂　（龍谷大学講師）
田原　敬　（茨城大学准教授）
玉木宗久　（国立特別支援教育総合研究所主任研究員）
丹野傑史　（長野大学教授）
寺本淳志　（宮城教育大学准教授）
永井伸幸　（宮城教育大学准教授）
中山忠政　（弘前大学講師）
野口晃菜　（LITALICO 研究所所長・国士舘大学非常勤講師）
林田真志　（広島大学大学院准教授）
半田　健　（宮崎大学准教授）
深澤美華恵（福岡教育大学准教授）
船橋篤彦　（広島大学大学院講師）
裴　　虹　（筑波大学人間系研究員）
本間貴子　（国士舘大学講師）
本渡　葵　（新見公立大学講師）
松下浩之　（山梨大学准教授）
宮木秀雄　（山口大学講師）
宮本昌子　（筑波大学人間系教授）
村上理絵　（広島大学大学院助教）
村中智彦　（上越教育大学教授）
茂木成友　（東北福祉大学講師）
森　まゆ　（広島大学大学院講師）
柳澤亜希子（山口大学講師）
山口明日香（高松大学准教授）
山崎　茜　（広島大学大学院講師）
吉井　涼　（福山市立大学講師）

装幀：奈交サービス株式会社

新・教職課程演習　第6巻
特別支援教育
令和4年1月25日　第1刷発行

編著者　米田宏樹 ©
　　　　川合紀宗 ©
発行者　小貫輝雄
発行所　協同出版株式会社
〒101-0054　東京都千代田区神田錦町2-5
電話　03-3295-1341（営業）　03-3295-6291（編集）
振替　00190-4-94061
印刷所　協同出版・POD工場
乱丁・落丁はお取り替えいたします。定価はカバーに表示してあります。

ISBN978-4-319-00347-1

新・教職課程演習

広島大学監事 野上智行 編集顧問
筑波大学人間系教授 清水美憲／広島大学大学院教授 小山正孝 監修
筑波大学人間系教授 浜田博文・井田仁康／広島大学名誉教授 深澤広明・広島大学大学院教授 棚橋健治 副監修

全22巻 A5判

第1巻 **教育原理・教職原論**
筑波大学人間系准教授 平井悠介／広島大学大学院教授 曽余田浩史 編著

第2巻 **教育史**
岡山大学大学院教授 尾上雅信／広島大学大学院准教授 三時眞貴子 編著 岡山大学大学院教授 梶井一暁 編集補佐

第3巻 **教育方法と技術・教育課程**
筑波大学人間系教授 樋口直宏／広島大学大学院准教授 吉田成章 編著

第4巻 **教育法規・教育制度・教育経営**
筑波大学人間系教授 藤井穂高／広島大学大学院准教授 滝沢 潤 編著

第5巻 **教育心理学**
筑波大学人間系准教授 外山美樹／広島大学大学院教授 湯澤正通 編著

第6巻 **特別支援教育**
筑波大学人間系准教授 米田宏樹／広島大学大学院教授 川合紀宗 編著

第7巻 **道徳教育**
筑波大学人間系准教授 田中マリア／広島大学大学院准教授 杉田浩崇 編著

第8巻 **特別活動・生徒指導・キャリア教育**
筑波大学人間系教授 藤田晃之／広島大学大学院教授 森田愛子 編著

第9巻 **教育相談**
筑波大学人間系准教授 飯田順子／広島大学大学院教授 石田 弓 編著

第10巻 **初等国語科教育**
筑波大学人間系准教授 長田友紀／広島大学大学院教授 山元隆春 編著

第11巻 **初等社会科教育**
筑波大学人間系教授 唐木清志／広島大学大学院准教授 永田忠道 編著

第 12 巻　**初等外国語教育**

筑波大学人間系助教　名畑目真吾／広島大学大学院准教授　松宮奈賀子 編著

第 13 巻　**初等算数科教育**

筑波大学人間系准教授　蒔苗直道／広島大学大学院教授　松浦武人 編著

第 14 巻　**初等理科教育**

筑波大学特命教授　片平克弘／広島大学大学院准教授　木下博義 編著

第 15 巻　**初等生活科教育，初等音楽科教育，初等図画工作科教育，初等家庭科教育，初等体育科教育，初等総合的な学習の時間**

筑波大学芸術系教授　石﨑和宏／広島大学大学院教授　中村和世 編著

第 16 巻　**中等国語科教育**

筑波大学人間系教授　甲斐雄一郎／広島大学大学院教授　間瀬茂夫 編著

第 17 巻　**中等社会系教育**

筑波大学人間系准教授　國分麻里／広島大学大学院准教授　川口広美 編著

第 18 巻　**中等英語科教育**

筑波大学人文社会系教授　卯城祐司／広島大学大学院准教授　樫葉みつ子 編著

第 19 巻　**中等数学科教育**

筑波大学人間系教授　礒田正美／広島大学大学院准教授　影山和也 編著

第 20 巻　**中等理科教育**

筑波大学人間系准教授　山本容子／広島大学大学院准教授　松浦拓也 編著

第 21 巻　**中等音楽科教育，中等美術科教育，中等家庭科教育，中学技術分野教育，中等保健体育科教育，高校情報科教育，中等総合的な学習／探究の時間**

筑波大学体育系准教授　宮崎明世／広島大学大学院准教授　岩田昌太郎 編著

第 22 巻　**教育実習・教職実践演習**

筑波大学体育系准教授　三田部 勇／広島大学大学院准教授　米沢 崇 編著